T0078341

ILS TE FERONT LA GUERRE

VALENTIN NTCHA

Commander ce livre en ligne à www.trafford.com
ou envoyer un courriel à orders@trafford.com

La plupart des titres de Trafford sont également disponibles chez les principaux détaillants de
livres en ligne.

Imprimé aux États-Unis d'Amérique.

ISBN: 978-1-4669-8901-6 (sc)
ISBN: 978-1-4669-8910-8 (e)

Trafford rev. 01/16/2014

 www.trafford.com

Amérique du Nord et international
sans frais: 1 888 232 4444 (États-Unis et Canada)
télécopieur: 812 355 4082

Mais lève-toi, et tiens-toi sur tes pieds;
car je te suis apparu pour t'établir ministre
et témoin des choses que tu as vues
et de celles pour lesquelles je t'apparaîtrai.
Je t'ai choisi du milieu de ce peuple
et du milieu des païens,
Vers qui je t'envoie,
afin que tu leur ouvres les yeux,
pour qu'ils passent des ténèbres à la lumière
et de la puissance de Satan à Dieu,
pour qu'ils reçoivent, par la foi en moi,
le pardon des péchés et l'héritage avec les sanctifiés.

Actes des Apôtres 26 :16-18

TABLE DES MATIÈRES

LISTE DES TABLEAUX

PRÉFACE

Ce manuel est intitulé : « Ils te feront la guerre. » Nos ennemis sont en guerre contre nous et sont acharnés à nous détruire. Le diable s'est dressé contre la création de Dieu. Ce méchant serpent sait qu'il dispose de peu de temps et il ne veut pas aller seul à la perdition. Il veut amener le plus de gens avec lui. Toutefois, plusieurs, convaincus de suivre pieusement le Seigneur, tombent dans toutes sortes de pièges et de ruses de l'ennemi.

En conséquence, mon mari a écrit ce manuel pour ouvrir les yeux de plusieurs sur les réalités du monde des ténèbres, pour nous armer de connaissances et de prières, pour contrecarrer les flèches de l'ennemi, pour accroître notre discernement sur des activités de la vie courante où le diable cherche à nous piéger et pour nous dégager de ses griffes.

Or, avant tout, avant de continuer la lecture de ce livre, avant que ces prières vous soient utiles, donnez votre vie à Jésus. Priez ainsi :

Seigneur Jésus, je reconnais que je suis pécheur. J'ai besoin de toi. Viens dans ma vie. Sois mon Seigneur et mon Sauveur. Je renonce à Satan, à ses démons et à ses tactiques. Saint-Esprit, viens habitez en moi, viens m'instruire et me consoler. Au nom de Jésus, j'ai prié.

Je scelle votre prière dans le précieux sang de Jésus. Je prie afin que ce sang vous couvre et vous accompagne lors de votre lecture.

Bien-aimés, l'espoir existe encore. Ce passage de la Bible en est la preuve.

« Ils te feront la guerre, mais ils ne te vaincront pas; car je suis avec toi pour te délivrer, dit l'Éternel. » (Jérémie 1:19)

À présent, que le Seigneur Jésus est avec vous, vous obtiendrez la victoire. L'Éternel des armées vous délivrera certainement. Soyez bénis.

Votre sœur dans le combat,

Yasmine Félix

REMERCIEMENTS

Tout d'abord, je bénis l'Éternel, qui m'a inspiré à travers sa parole, sur les enseignements que contient ce livre. Que l'honneur et la gloire lui soient donnés.

Je remercie également tous ceux que Dieu a mis sur mon chemin pour m'encourager, me supporter et me conseiller. Que le Roi des rois vous bénisse abondamment.

Enfin, ce livre voit le jour, car celle que mon cœur aime a énormément contribué à cette œuvre. Je tiens à remercier mon épouse, Yasmine, pour le travail et les efforts qu'elle a fournis pour la réussite de cet ouvrage. Que la grâce de Dieu qui surpasse toute intelligence repose sur toi.

INTRODUCTION

Dans ce manuel basé sur le combat spirituel, l'Éternel, notre Dieu, expose les œuvres de notre ennemi. De plus, il dévoile ses manigances et ses manipulations. Les temps sont mauvais. Seule la prière nous permettra de nous en défaire.

> « Invoque-moi et je te répondrai, je t'annoncerai de grandes choses, des choses cachées que tu ne connais pas. » (Jérémie 33 :3)

Dans le passé, vous n'avez peut-être pas discerné certaines activités que vous avez vues. L'ennemi a exploité votre ignorance pour vous nuire. Bien-aimés, à présent Dieu vous les révèle pour que ses activités ne soient plus un mystère pour vous. Vous avez tant invoqué Dieu dans les jeûnes et les prières. Vous avez cherché sa face lors des retraites ou de conventions. Ce Dieu aimerait vous répondre cette fois-ci. Pour obtenir sa réponse, il voudrait que vous lui prêtiez attention. Le livre de Josué dit :

> « Que ce livre de la loi ne s'éloigne point de ta bouche; médite-le jour et nuit, pour agir fidèlement selon tout ce qui y est écrit; car c'est alors que tu

auras du succès dans tes entreprises, c'est alors que tu
réussiras. » (Josué 1 :8)

Pour réussir dans le combat spirituel dans lequel nous nous
engageons, nous devons méditer la parole de Dieu jour et
nuit. Cette parole nous équipe des connaissances profondes,
ce qui nous permet de mettre en déroute nos ennemis les plus
récalcitrants. Ceux-ci fuiront sans être poursuivis; ils trembleront
au bruit du vent. Voilà l'arme que nous a donnée l'Éternel pour
réduire à néant nos antagonistes ainsi que leurs entreprises.

Par contre, si nous négligeons de méditer ces écritures, il sera
difficile de repousser l'ennemi hors de notre territoire et
d'amener le combat dans son camp. En méditant la parole de
Dieu, notre esprit s'ouvrira aux projets qu'entreprennent nos
adversaires. Notre intelligence causera l'échec dans leurs raids et
nous serons totalement libérés de leurs embuscades. À travers les
prochaines études de ce manuel, l'Éternel ôtera la force de nos
adversaires. Le Seigneur fera tomber leurs armes de leurs mains.

L'amour de Dieu surpasse tout. Il nous a ordonné d'aimer
notre prochain comme nous-mêmes. En tant que chrétien
engagé dans le combat spirituel, notre vie sur terre ressemble à
celle d'un soldat. Nous devons combattre le bon combat de la
foi. Malgré le fait que nous marchons dans la *chair*[1], nous ne
combattons pas selon la *chair*. Les prières qui se retrouvent dans
ce manuel ne sont pas dirigées contre un individu ou un groupe
de personnes, mais bien uniquement contre Satan et contre son
royaume. Que Dieu aide chaque lecteur, pour qu'il en face bon
usage.

---

[1]   À la fin de ce livre, un glossaire explique les mots mis en italique
dans le texte.

Attention, ces prières ne doivent pas être lues ou récitées. Elles doivent s'effectuer avec agressivité, de sorte que votre esprit, votre âme et votre corps participent. Le modèle de prières violentes nous a été démontré par le Seigneur Jésus dans Luc 22 :44:

« Étant en agonie, il priait plus instamment, et sa sueur devint comme des grumeaux de sang, qui tombaient à terre. »

De même, dans Luc 18 :13, la Bible décrit l'histoire d'un publicain au temple qui priait en se frappant la poitrine. Ces deux exemples nous dévoilent des modèles de prières agressives qui ont eu lieu dans la Bible. Cela démontre que la prière de combat a débuté depuis longtemps.

Je conseille aux lecteurs de ce manuel, encore novices aux modèles de prières de combat, de s'oindre avec de l'huile d'onction avant ou après chaque session de prières. Possiblement, des forces spirituelles réagiront à ces prières pour intimider le lecteur. Pour obtenir de l'huile d'onction, procurez-vous une bouteille d'huile d'olive et priez de la manière suivante : « Je convertis cette huile en sang de Jésus, au nom puissant de Jésus. »

Bien-aimés, que Dieu vous garde et qu'il bénisse les œuvres de vos mains.

CHAPITRE I

LES JUGEMENTS DU MONDE SPIRITUEL

L e but du message, que nous donne l'Éternel au travers de sa parole, est d'attirer notre attention sur les effets négatifs des décisions du monde spirituel dans notre vie. Bien-aimés, je prie que l'Éternel ouvre votre précieux cœur afin que vous compreniez cette parole de vérité. Elle amènera un grand changement dans votre vie, dans votre famille ainsi que dans votre nation. Donc, lorsque vous rejetez la connaissance que vous offre Dieu le créateur, vous en serez tout autant rejeté et même dépouillé de son sacerdoce (Osée 4:6). L'enseignement se rattache au passage dans le livre de 1 Rois 22 :1 à 22.

1.1. LA TRÊVE

Pendant des années, le peuple d'Israël fut en guerre contre les Syriens. Puis, les deux camps décidèrent de suspendre leurs assauts les uns contre les autres. Chacun des peuples se retira du champ de bataille. Ce temps de retrait se nomme une trêve et ne signifie pas la fin de la guerre. Il arrive que les gens soient constamment pilonnés par les agressions de Satan ou de leurs ennemis. Pour parer ces violences, ils prient régulièrement. Un beau jour, ils constatent que les conflits se sont arrêtés. Pourtant, ce n'est pas la fin. Bien-aimés, le diable peut reculer à cause de la résistance que vous créez par vos prières. Toutefois, ce serpent rusé ira réaménager ses plans pour revenir en force.

Au total, la trêve dura trois ans entre le roi Achab et les Syriens. Le roi Achab reçut la visite du roi Josaphat, qui régnait sur Juda. Lors de cette rencontre, des idées malsaines traversèrent les pensées du roi Achab. Ce roi d'Israël décida de déterrer la hache de guerre. À cause du territoire qu'occupaient les Syriens, qui appartenait à Israël (1 Rois 22 :3), il invita son confrère, le roi de Juda, à se joindre à lui dans l'intention d'aller en guerre contre les Syriens. Josaphat lui répliqua:

> « [...] nous irons moi comme toi, mon peuple comme ton peuple, mes chevaux comme tes chevaux. » (1 Rois 22 :4b)

1.2.   LE RENFORCEMENT

Josaphat accepta l'offre du roi d'Israël de combattre à ses côtés contre les Syriens. Achab passa en revue ses troupes, rassembla son gouvernement ainsi que ses chefs militaires pour élaborer les projets et stratégies de guerre contre ses adversaires. Comme à présent le roi de Juda le secondait, il vit ses troupes, son matériel et ses armes de guerre se multiplier. Le cœur du roi Achab était rempli de joie, il était persuadé de lancer contre la Syrie une forte invasion. À présent, la nation syrienne devait combattre deux ennemis : Juda et Israël.

Bien-aimés, veillons et prions. Satan, le diable, s'est peut-être éloigné de vous pour un moment. Malgré tout, ce n'est qu'une de ses astuces. Il se réorganise pour revenir contre vous avec force. Dans le monde spirituel, un renforcement survient toujours après un premier revers. Satan ne se décourage pas si facilement, il ira élaborer d'autres plans et il reviendra en force au moment opportun, comme nous le confirme l'Évangile selon Luc, qui déclare :

> « […] le diable s'éloigna de lui jusqu'à un moment favorable. » (Luc 4 :13b)

1.3.   CONSULTATION DES FORCES SPIRITUELLES

Dans 1 Rois 22 :5, Josaphat déclare au roi d'Israël :

> « [...] consulte maintenant, je te prie, la parole de l'Éternel. »

Le roi Josaphat voulut s'assurer avant tout que la guerre dans laquelle il s'engageait contre la Syrie était approuvée par le Dieu que servaient les enfants d'Israël et le peuple de Juda. Pour cette raison, il convoqua les *prophètes* en Israël pour qu'ils puissent interroger leur Dieu et recevoir ainsi une réponse éclairée (1 Rois 22 :6). L'action de Josaphat démontre que de nos jours, les gens sollicitent les forces spirituelles pour obtenir des directives sur leurs projets. Sans doute, entrent-ils en contact avec ces forces par le biais de charlatans, de marabouts, de voyants ou même d'astrologues.

1.4.   VISION DU PROPHÈTE MICHÉE

Le dernier prophète invité par le roi d'Israël et le roi de Juda fut Michée. Quatre cents autres prophètes étaient passés avant lui. Ceux-ci avaient déjà confirmé que Dieu approuvait l'invasion contre la Syrie. À présent, examinons la vision du prophète Michée afin de comprendre comment les jugements du monde spirituel agissent sur les desseins des hommes sur terre :

> « Et Michée dit : Écoute donc la parole de l'Éternel! J'ai vu l'Éternel assis sur son trône, et toute l'armée des cieux se tenant auprès de lui, à sa droite et à sa gauche. Et l'Éternel dit : Qui séduira Achab, pour qu'il monte à Ramoth en Galaad et qu'il y périsse? Ils répondirent l'un d'une manière, l'autre d'une autre. » (1 Rois 22 :19-20)

Bien-aimés, pendant qu'Achab et son visiteur Josaphat étaient assemblés dans le monde physique, son gouvernement élaborait les plans d'attaque contre la Syrie; il mettait sur pied les stratégies de guerre, révisait son matériel et préparait ses troupes à une invasion. Au même moment, dans le monde spirituel, soit au troisième ciel, se tenait une assise dont le but était de prendre une décision contraire à celle du roi Achab. Le monde spirituel était en train de s'opposer à un projet en élaboration dans le monde physique. Le Dieu d'Israël, qui réside au troisième ciel, s'opposait aux intentions du roi Achab. Il s'était aussitôt regroupé avec ses *anges* pour mettre un terme à l'action d'Achab. Voilà l'une des raisons pour lesquelles plusieurs échouent lorsqu'ils entreprennent une activité ou se lancent dans de grands projets.

Étonnamment, certains pensent être tombés des cieux. En effet, ils oublient qu'ils sont issus d'une famille et qu'avant leur naissance, vivaient leurs pères, grands-pères et arrière-grands-pères. En retour, ces ancêtres ont servi des *dieux étrangers*. Ces *divinités* subsistent encore aujourd'hui, malgré la mort de leurs ancêtres. Ainsi, Dieu s'opposa au projet du roi

Achab. Dans le monde spirituel, ces dieux ancestraux en font autant contre ces individus.

Cela dit, nous devons tirer une leçon de ce qui allait arriver au roi Achab. Il est important de savoir que chaque fois que nous élaborons un projet, au même moment, dans le monde spirituel, des pouvoirs se regroupent contre nous pour nous mener à l'échec. Ces puissances se retrouvent soit dans notre fondation, dans l'air, sous les eaux et dans d'autres dimensions.

1.5. JUGEMENT CONTRE LE ROI DANS LE MONDE SPIRITUEL

La décision prise par Dieu et ses anges lors de la réunion tenue au ciel contre le dessein du roi Achab (1 Rois 22 :20) est que celui-ci serait séduit, il irait en guerre et il périrait sur le champ de bataille.

Pendant cette rencontre, le débat était ouvert pour discerner la méthode de séduction à utiliser contre le roi Achab. Chacun des anges présents vint devant Dieu le Père exposer sa méthode pour séduire le roi Achab. Néanmoins, rien ne fut retenu par Dieu. L'exemple du roi Achab démontre comment les assises tenues dans le monde spirituel affectent les projets des êtres humains, qui demeurent dans le monde physique.

Partant de cette révélation, voici ce que nous pouvons conclure. Des projets peuvent être avortés, abandonnés à cause d'obstacles ou volés. Par ailleurs, les gens qui débutent de telles initiatives se voient écartées de leur propre projet, trouvent la mort avant la fin, ou un malheur leur arrive. D'autres se retrouvent abandonnés par leurs partenaires sans raison valable.

Chers frères et sœurs, chaque fois que vous avez un projet à réaliser, que ce soit un mariage, un voyage, une construction, un investissement, l'achat d'une maison, etc., vous devez prier pour annuler les jugements du monde spirituel érigés contre votre entreprise. Soyez avisés que le diable sait ce que vous êtes en train d'entreprendre. La Bible nous conseille :

> « Soyez sobres, veillez. Votre adversaire, le diable, rode comme un lion rugissant, cherchant qui il dévorera. » (1 Pierre 5 :8)

1.6.   Gestion des décisions dans le monde spirituel

Les méthodes proposées par les anges ne furent point convaincantes devant Dieu. Néanmoins, dans 1 Rois 22 :21, nous lisons :

> « Et un esprit vint se présenter devant l'Éternel, et dit : Moi, je le séduirai. L'Éternel lui dit : Comment? »

Ainsi, l'esprit proposa à Dieu sa méthode pour séduire le roi Achab.

Ce méchant esprit en profita pour se plaindre de Job (Job 1 :6-10). Dans le monde spirituel, rien ne s'accomplit par hasard. Cet univers jouit d'une excellente organisation. Regardons le tableau suivant avec les activités des esprits lors d'une prise de décision dans le monde spirituel et les références bibliques s'y rapportant.

Tableau 1 : Activités des esprits lors d'une prise de décision dans le monde spirituel

Activités des esprits	Références bibliques
Choisir l'arme ou la personne à envoyer contre leur antagoniste.	« Et l'Éternel dit : Qui séduira Achab? » (1 Rois 22 :20a)
Décider du lieu de destruction ou de l'attaque.	« […] pour qu'il monte à Ramoth en Galaad et qu'il périsse » (1 Rois 22 :20b)
Communiquer entre eux dans le monde spirituel.	« Ils répondirent l'un d'une manière, l'autre d'une autre. » (1 Rois 22 :20c)
Dans le monde invisible, sélectionner lequel d'entre eux accomplira la mission décidée.	« Moi, je le séduirai. » (1 Rois 22 :21b)

Essentiellement, l'esprit qui se présenta devant Dieu était Satan, le diable. Comme il l'a fait lors de cette réunion, ce chérubin déchu continue d'aller devant le trône de Dieu réclamer les âmes. Lors du rassemblement, l'Éternel émit la volonté de punir le roi d'Israël ce qui donna une occasion en or au serpent ancien, aussi présent à la réunion, de se proposer d'agir contre Achab. L'idée venant du Seigneur, il pouvait s'attaquer au roi Achab librement, ce qu'il n'aurait pu faire sans son accord. L'Éternel lui demanda alors d'expliquer ses intentions. Selon ce contexte, nous pouvons affirmer que dans le monde spirituel, pour qu'une mission soit confiée à un esprit, il doit démontrer devant ses supérieurs l'efficacité de son plan.

Notez bien, quand vous péchez contre Dieu et qu'il désire vous livrer entre les mains du diable, ce méchant ne vient pas directement vous détruire. Il existe une marche à suivre où le Seigneur doit approuver le plan de destruction de l'ennemi. Ainsi, Satan a pris un engagement devant l'Éternel et devant les anges pour accomplir la mission. En retour, Dieu a évalué la technique de séduction qu'il allait employer pour voir si elle convenait avant de lui confier le travail.

1.7. ÉLABORATION DU PLAN DE SATAN CONTRE LE ROI ACHAB

Voici le plan de séduction de Satan contre le roi Achab, alors que l'ennemi le présente à Dieu. Dans 1 Rois 22 :22, la Bible déclare :

> « Je sortirai, répondit-il, et je serai un esprit de mensonge dans la bouche de tous ses prophètes. L'Éternel dit : Tu le séduiras, et tu en viendras à bout; sors, et fais ainsi! »

Tel que nous venons de le lire, la technique utilisée par Satan pour séduire le roi Achab fut approuvée par Dieu qui lui donna son aval. Dès lors, Satan se retira. Ce serpent rusé allait utiliser le mensonge contre le roi d'Israël. D'ailleurs, Satan se cache derrière tout mensonge, qu'il soit petit ou grand. Pourtant, Dieu hait le mensonge, tel qu'il l'a déclaré dans sa parole:

> « Celui qui dit des mensonges ne subsistera pas en ma présence. » (Psaumes 101 :7b)

D'ailleurs, lorsque quelqu'un ment, c'est qu'il a en lui un esprit impur. Le diable contrôle sa bouche et l'utilisera contre une autre personne. Par conséquent, il deviendra dégoutant face à Dieu. Bien-aimés, le *démon* du mensonge influence ceux qui aiment manipuler les autres. Savez-vous combien de gens sont morts ou ont perdu leur propriété, leur famille, leur emploi, etc., à cause des fables qu'ils ont écoutées? Cette vieille arme utilisée par Satan contre le roi Achab continue de causer des ravages aujourd'hui.

En un court laps de temps, cet esprit de mensonge a contrôlé quatre cents personnes. Voilà une épidémie de mensonges qui s'était propagée dans le pays d'Israël. Par le temps qui court, l'ennemi possède encore cette capacité de se servir d'un seul esprit pour affliger un village, un environnement ou une province d'une même maladie. Dans un lieu où les gens souffrent d'un même mal, il est possible que cette activité provienne d'un seul *démon*. Les prophètes de mensonge se laissèrent manipuler par Satan. Ils proférèrent de fausses prophéties pour entraîner la mort du roi Achab. Encore aujourd'hui, ce genre de *faux prophètes* envahit nos églises, nos médias et nos villes. Leurs prophéties ont causé le décès d'un bon nombre de personnes. Ces derniers n'entendent pas la voix de Dieu, mais plutôt celle des esprits impurs. En conclusion, bien-aimés, le fait que plusieurs prophètes vous donnent les mêmes révélations ne signifie pas que ces prophéties viennent réellement de Dieu.

1.8.   COMMENT SATAN RÉUSSIT SA MISSION SUR TERRE

L'Éternel dit :

> « Tu le séduiras, et tu en viendras à bout; sors, et fais ainsi. » (1 Rois 22 :22b)

Dès que le diable reçut cette autorisation, Satan quitta les cieux pour la terre pour exécuter sa tâche. Bien-aimés, les esprits du monde spirituel voyagent. Ils parcourent la terre, la mer, le ciel et d'autres étendues. Par exemple, ils peuvent venir des forêts ou des cimetières en direction de se promener dans nos environnements (Job 1 :7). La sentence, prise dans le monde spirituel contre le roi Achab, devait être exécutée dans le monde physique. Notons également que lorsqu'un verdict est prononcé dans le monde spirituel contre un individu, dès lors, un esprit, un ange ou un démon, est envoyé contre la personne pour faire appliquer la sentence.

Pour exécuter dans le plan physique la décision prise dans le plan spirituel, Satan devait choisir des gens qui travaillaient en collaboration avec le roi. En tant qu'esprit, il a besoin d'un corps physique pour accomplir son œuvre. C'est pourquoi il entra dans la bouche des prophètes. Il se manifesta sous la forme d'un esprit de mensonge et le diable amena ainsi ces prophètes à participer avec lui à la destruction du roi d'Israël.

Quelle leçon pouvons-nous tirer de cette action de Satan? Dans le tableau 2, regardons les capacités des esprits ainsi que les références bibliques de chacune d'elles.

Tableau 2 : Capacités des esprits et références bibliques

Capacités des esprits	Références bibliques
Entrer dans un corps	« […] je serais un esprit de mensonge dans la bouche de tous ses prophètes » (1 Rois 22 :22b)
Contrôler les organes ainsi que les parties du corps humain	« […] je serai un esprit de mensonge dans la bouche » (1 Rois 22 :22b)
Connaître l'identité des gens	« […] de tous ses prophètes » (1 Rois 22 :22b)
Faire plier les personnes à leur volonté	« Tu le séduiras, et tu en viendras à bout » (1 Rois 22 :22c)

Compte tenu de ce qui précède, un seul esprit peut contrôler tout un groupe de personnes pour les amener à partager un même sentiment, à s'unir, à parler, à penser ou à marcher de la même façon. Dans l'histoire que nous venons de lire, les quatre cents prophètes ont tous réalisé la même fausse déclaration.

En conclusion, bien-aimés, la séduction et le mensonge vont de pair; l'un est la racine de l'autre. Voilà comment le monde spirituel opère. Les esprits prennent des décisions dans le monde invisible pour les exécuter sur terre, dans le monde physique. Dès ce moment, les démons s'arrangent pour pénétrer des corps matériels (humains, animaux, objets, etc.) dans le but d'accomplir le jugement établi. Refusons que Satan nous utilise pour la destruction de notre prochain et de nos projets en réalisant les prières suivantes.

1.9.   SECTION DE PRIÈRES

1.   Toute puissance, qui aide mes adversaires à me combattre, tombe dans le filet fatal, au nom de Jésus.
2.   Je désorganise les puissances qui se regroupent dans le monde spirituel pour me confronter, au nom de Jésus.
3.   Toute arme forgée contre mes projets dans le monde spirituel, sois sans effet, au nom de Jésus.
4.   Je reprends mes projets d'entre les mains des forces de ténèbres, au nom de Jésus.
5.   Tout esprit, dans le monde spirituel, consulté par ceux qui méditent le mal contre moi, tombe face contre la terre, au nom de Jésus.
6.   J'annule les paroles des bouches qui prophétisent le mal contre mes projets, au nom de Jésus.
7.   Je renverse les trônes du monde de ténèbres autour desquels se tiennent les débats contre mes projets, au nom de Jésus.

8.   Toute annonce maléfique, lancée dans le monde invisible, contre la réalisation de mes projets, tu enfanteras le vent, au nom de Jésus.

9.   Tout dieu étranger, assis sur son trône, contestant mes projets sur la terre, descends et assieds-toi dans la poussière, au nom de Jésus.

10. Pendant la réalisation de mon projet, éloigne de moi Seigneur, le découragement, les malheurs, la mort subite, les accidents, les doutes, la peur, les maladies, les erreurs, la confusion et les pertes de mémoire, programmés par le monde des ténèbres, au nom de Jésus.

11. Vous, mes mains, comme vous commencer l'exécution de ce projet, vous le terminerez, au nom de Jésus.

12. Aucun esprit dans le monde des ténèbres ne sera digne d'arrêter la réalisation de ce projet sur cette terre des vivants, au nom de Jésus.

13. Tout esprit dans le monde spirituel ayant fait le vœu de me faire mourir avant, pendant ou après la réalisation de ce projet, broute les herbes comme le bœuf, au nom de Jésus.

14. Tout esprit venant des eaux ou des cieux pour la terre, en vue d'exécuter des jugements contre moi, je mets un joug de moulin sur ton cou, au nom de Jésus.

15. Je divise les langues des esprits, regroupés dans le monde spirituel, contre mes activités sur la terre, au nom de Jésus.

16. Je lie les puissances qui contrôlent la bouche de tous ceux qui collaboreront avec moi dans ce projet, au nom de Jésus.

17. Je frappe d'étourdissement les esprits voulant se servir des autres pour gâcher mes projets, au nom de Jésus.

18. Seigneur, par ton ouragan, disperse les causeries qui sont tenues par les esprits sous les eaux, dans les airs, au premier ciel et au deuxième ciel, au nom de Jésus.

19. Que les décisions prises contre moi, par les forces assemblées dans le monde spirituel, soit pour elles une occasion de chute, au nom de Jésus.

20. Par le sang de Jésus, je déclare nul et sans effet, les jugements du monde spirituel sur mes projets dans le monde physique, au nom de Jésus.

21. Le mal prononcé contre moi, par les esprits rassemblés dans le monde spirituel retombera sur leur tête, au nom de Jésus.

22. La communication des forces dans le monde spirituel, concernant les affaires de ma vie enfantera le néant, au nom de Jésus.

23. Tout esprit, ayant reçu le mandat d'exécuter contre moi les décisions prises dans le monde spirituel, descends dans la fosse de destruction, au nom de Jésus.

24. Je lie les esprits de mensonge par lesquels les hommes prophétisent sur mes projets, au nom de Jésus.

25. Toute prophétie dont la mission est d'entraîner la mort, la destruction ou l'échec, sois avortée, au nom de Jésus.

26. Toute puissance maléfique, rôdant autour de mes projets pour les dévorer, fuit sans être poursuivie, au nom de Jésus.

27. Puissance divine veille sur mes projets, au nom de Jésus.

CHAPITRE II

LE VOYAGE ET LES FORCES ANCESTRALES

Les problèmes politiques, les crises économiques, les catastrophes naturelles, les conflits et les guerres ont créé un flux migratoire. Ainsi, les gens laissent leur pays d'origine pour un autre dans le but d'améliorer leur condition de vie. Malheureusement, certains ne progressent pas comme ils l'espéraient. Suite à ces échecs, ces gens se posent plusieurs questions. Pourquoi n'y a-t-il pas de changement dans nos destinés? Quelle est la cause de cette situation? Sommes-nous sous l'influence d'une malédiction? N'avons-nous pas de diplômes universitaires? Seul l'Éternel des armées pourra répondre à leurs multiples interrogations. Regardons sa parole afin de comprendre les mystères cachés sur le voyage et les forces ancestrales. Le livre de la Genèse 46 :1 à 7, nous servira de guide.

2.1. LE VOYAGE DE JACOB D'HÉBRON POUR BEER-SCHÉBA

Jacob se déplaça d'Hébron, où il résidait, pour Beer-Schéba, sa destination. La Bible déclare qu'il est parti avec tout ce qui était a lui (Genèse 46 :1). Jacob appelé Israël, nom qui lui avait été donné par l'ange de Dieu, avait tout apporté. Il ne laissa rien à Hébron, pas même une aiguille. Ainsi font certaines personnes qui immigrent dans un nouvel environnement. Elles amènent avec elles tous leurs biens. Elles s'installent dans leur nouvelle demeure avec leurs *dieux étrangers*, leurs autels maléfiques, leur religion, leur culture, etc.

À la lumière de ce qui précède, bien-aimés, si vous accueillez des gens chez vous, ayez la bienveillance de savoir ce qui se trouve dans leurs bagages. Renseignez-vous également sur le contenu des affaires de ceux qui voyagent avec vous. Par exemple, la coupe dont se servait Joseph pour prédire l'avenir fut mise dans le sac de Benjamin, son frère cadet, à son insu. Cette coupe fut un piège pour les frères de Joseph. Ils furent accusés d'être des voleurs et d'avoir rendu le mal pour le bien (Genèse 44). C'est la raison pour laquelle nous devons connaître le contenu de nos effets au moment où nous voyageons. Éventuellement, des objets occultes peuvent être transportés d'un endroit à un autre lors d'expéditions, sans que nous en ayons connaissance.

À cet égard, laissez-moi vous raconter une petite anecdote. Voici l'histoire d'un jeune africain qui s'exila aux États-Unis. Pour régulariser sa situation en territoire américain, ce dernier fit une demande d'asile politique. Il dut passer trois fois devant un juge d'immigration. Selon son témoignage, cet africain raconte que pendant les deux premières entrevues, le juge responsable de son dossier ne fut pas du tout courtois envers lui. Déprimé, il alla voir sa sœur pour que celle-ci le soutienne dans la prière avant sa dernière entrevue. Sa sœur lui demanda de se débarrasser de tout ce qu'il possédait qui n'honorait pas Dieu. Il jeta le sable qu'il avait pris sur la tombe de son père avant son voyage pour les États-Unis. C'est ainsi que sa troisième entrevue fut couronnée de succès.

2.2.　Jacob offre des sacrifices au Dieu de son père

Quant à Jacob, il quitta Hébron pour se rendre en Égypte, invité avec sa famille par le Pharaon. Arrivé à Beer-Schéba, il s'y installa temporairement avant de continuer sa route pour sa destination finale qui était l'Égypte. Regardons ce que fit Jacob durant son séjour dans ce lieu. La Bible déclare :

> « [...] Il offrit des sacrifices au Dieu de son père
> Isaac. » (Genèse 46 :1b)

L'attitude de Jacob dans le lieu où il s'était établi temporairement peut nous amener à nous poser ces questions : Pourquoi Jacob choisit de présenter des *sacrifices* au Dieu de ses pères avant son voyage en Égypte? Qu'est-ce qui est si spécial dans son geste?

En effet, Jacob avait pour père Isaac qui était le fils d'Abraham (Genèse 21 :3). De son vivant, Abraham marcha devant la face de l'Éternel. Il était le serviteur de Dieu (Genèse 12 :1-3). Isaac, fils d'Abraham, servit également l'Éternel (Genèse 26 :1-3). Cela dit, c'est sans aucun doute que l'Éternel est le Dieu à qui Jacob offrit des sacrifices avant son voyage en Égypte. Son père Isaac avait servi ce même Dieu et son grand-père Abraham également. Le geste posé par Jacob nous amène à comprendre comment certaines personnes offrent des sacrifices à des dieux étrangers au moment où elles s'apprêtent à quitter leur pays.

Sur ce sujet, permettez-moi de vous raconter une seconde anecdote. Un jeune africain, pour lequel j'ai prié il y a quelques années, me raconta ce qui lui est arrivé quelques jours avant son départ pour les États-Unis. À la veille de son voyage, tard dans la nuit, sa mère le fit asseoir devant une grande cuvette d'eau pleine de feuilles et de racines d'arbres. Elle lui fit prendre un bain. Durant ce bain, elle expliqua à son fils qu'elle le lavait pour être sure de le revoir, même s'il allait quitter le pays. Bien-aimés, l'Éternel vous invite à vous rappeler de votre vie avant votre déplacement. Jacob offrit des sacrifices au Dieu de son père avant son départ en Égypte. Et vous, qu'avez-vous fait?

2.3. DIEU PARLE À JACOB DANS UNE VISION

> « Dieu parla à Israël dans une vision pendant la nuit, et il dit : Jacob! Jacob! Israël répondit : Me voici ! Et Dieu dit : Je suis le Dieu, le Dieu de ton père. Ne crains point de descendre en Égypte, car là je te ferai devenir une grande nation. » (Genèse 46 :2-3)

Pour aller vers une divinité, il faut lui apporter une *offrande* ou immoler une victime. À cet effet, Jacob offrit des sacrifices au Dieu de sa famille pour que celui-ci lui apparaisse. Par ces offrandes, Jacob invita le Dieu de son grand-père à se révéler. Suite à ces *holocaustes*, le Dieu d'Abraham et d'Isaac se manifesta à Jacob dans une vision nocturne. Ceci étant dit, lorsqu'un individu va offrir des sacrifices à un dieu étranger avant de voyager, il invite un esprit dans sa vie avant de partir. À travers cet esprit, il reçoit les directives ou les informations nécessaires pour son déplacement.

De plus, le Dieu qu'avaient servi les ancêtres de Jacob et qui opérait sur le plan spirituel était au courant du voyage qu'entreprenait celui-ci. Il lui apparut dans une vision pour l'encourager à effectuer ce voyage, car ce dernier avait peur. Malgré la parole de ses fils et du roi d'Égypte, Jacob voulait absolument consulter le Dieu de sa famille avant de continuer son voyage. Suite à cette consultation, Jacob eut la confirmation de Dieu pour ce déplacement. Certains prétendent que les esprits possèdent une connaissance supérieure à l'homme. C'est pourquoi ils utilisent des esprits comme guides. Ils vont brûler des parfums à ces *dieux étrangers*. En retour, ceux-ci confirment leur déplacement, dirigent leur voyage, les instruisent de la manière dont se passera le voyage et leur offrent des objets de protection.

Par malheur, ces hommes et ces femmes ignorent que dès le moment où ils ont consulté ces dieux, ils ont impliqué ces forces spirituelles dans la nouvelle direction que prendra leur vie. De même que l'Éternel, à qui Jacob offrit des sacrifices, lui parla dans une vision, ces dieux, qui ont reçu des sacrifices des mains de ces gens, leur apparaîtront dans des songes pour communiquer avec eux.

Lisons à nouveau un extrait du verset précédent dans Genèse:

« [...] car là je te ferai devenir une grande nation. » (Genèse 46 :3c)

Tel que l'indique ce verset, cette nuit-là, Jacob reçut une promesse du Dieu de son père. Le Dieu de sa famille jura de le bénir en Égypte. Bien-aimés, dans le monde spirituel la distance n'est pas un obstacle pour les forces spirituelles. Celles-ci peuvent intervenir, soit en bien, soit en mal dans la vie d'un individu, quel que soit le pays où il se trouve. Le fait d'avoir quitté votre nation pour une autre ne signifie pas que vous vous êtes sauvés des dieux de votre famille ou des dieux que vous avez consultés avant votre départ. Le Dieu de la famille de Jacob lui a promis dans une vision qu'il le multiplierait en Égypte. Les dieux de votre famille, soit ceux à qui vous avez offert des sacrifices avant votre voyage, peuvent promettre de réaliser le contraire dans votre vie, c'est-à-dire de vous réduire à rien dans le pays où vous désirez vous installer. En conséquence, la situation que vous vivez aujourd'hui peut être causée par ces forces.

2.4. PROMESSES DE DIEU À JACOB

Après avoir offert des sacrifices au Dieu de son père Isaac, Jacob reçut la visite de l'Éternel dans une vision nocturne. À cet instant, Dieu lui fit quatre promesses concernant les événements à venir. À présent, analysons chacune de ces promesses.

Dans la première promesse, Dieu dit à Jacob qu'il fera de lui une nation en Égypte (Genèse 46 :3c). Les gens consultent leurs dieux quand ils vont s'installer sur une autre terre, pour que ceux-ci les bénissent dans leur nouvelle nation.

Lors de la deuxième promesse, Dieu promit à Jacob qu'il descendrait avec lui en Égypte (Genèse 46 :4a). Dès lors, Jacob, qui vivait dans le monde physique, détenait sur le plan spirituel une force, le Dieu de son père. Ce Dieu promettait de l'aider, l'assister et le protéger en Égypte. Bien-aimés, par la déclaration de Dieu à Jacob, nous comprenons que des personnes qui marchent dans le monde physique peuvent être escortées par des esprits qui se trouvent dans le monde spirituel. Certaines personnes sont conscientes de la présence de ces esprits qui les accompagnent partout où elles vont, tout comme Jacob était conscient de la présence de Dieu autour de lui. Il y en a même qui communiquent avec ces esprits. Lorsque des personnes offrent des sacrifices à des dieux étrangers avant de voyager, elles invitent par leurs sacrifices ces dieux à voyager avec elles. Ainsi, sur le plan spirituel, ces divinités les suivront durant leur voyage et durant leur séjour. Vous comprendrez que les démons immigrent au même titre que les hommes. L'immigration entraînera dans un pays la présence des anges ou celle des démons.

Dans la troisième promesse, l'Éternel affirme à Jacob qu'il va le faire rapatrier d'Égypte (Genèse 46 :4b). À cet instant, Jacob apprend que son corps retournera à Canaan dans un cercueil. Des milliers d'hommes et femmes seraient en vie aujourd'hui s'ils n'étaient pas sortis de leur pays d'origine pour une terre étrangère, s'ils n'avaient pas donné des sacrifices à des dieux étrangers avant leur départ. La terre de la nation où ils se sont exilés les a engloutis sans qu'ils aient l'occasion de revoir leur pays d'origine ou leur famille, comme dans le cas du mari et des fils de Naomi que nous verrons dans la prochaine section (Ruth 1 :1-5). Ces hommes et ces femmes moururent et furent enterrés dans la nation où ils s'expatrièrent. D'autres, après avoir prospéré dans le territoire où ils se sont réfugiés, retournèrent dans leur pays d'origine dans un cercueil pour y être enterrés. C'est dans une bière que Joseph ramena Jacob à Canaan. Par ailleurs, il est possible pour certains de trouver la mort dès qu'ils reviennent visiter leur pays de naissance, après plusieurs années d'exil.

Le Dieu des pères de Jacob se rendit en Égypte avec ce patriarche. L'Éternel lui fit savoir lors de sa vision nocturne qu'il se chargerait lui-même de retourner son corps à Canaan. Au même titre que Dieu a confirmé à Israël qu'il ramènera son corps dans sa contrée, les esprits consultés par certains avant leur voyage en font autant dans l'intention de ramener leur dépouille dans leur pays d'origine. Ces esprits sont donc responsables de la mort de ces voyageurs en terre étrangère. Si Dieu avait assuré à Jacob que son corps reviendrait dans sa terre natale, c'est parce qu'il avait déjà arrêté le nombre de jours que Jacob devait vivre dans ce lieu.

Dans la quatrième promesse, Dieu informe Jacob que son fils lui fermera les yeux (Genèse 46 :4c). Jacob n'a enseveli aucun de ses fils, ces derniers l'ont enterré. En faisant des liens avec la vie d'Abraham, d'Isaac et de Jacob, vous apercevrez que parmi ces trois patriarches aucun n'a enterré ses enfants. Pourtant, l'inverse arrive couramment. Des parents voient leurs enfants mourir. Combien d'enfants votre père et votre grand-père ont-ils enterrés? Et vous, combien d'enfants avez-vous déjà mis en terre?

Le tableau ci-dessous contient un résumé des quatre promesses en lien avec des manifestations de la vie courante.

Tableau 3 : Résumé des quatre promesses de Dieu à Jacob et leçons spirituelles

Promesses	Références bibliques	Leçons spirituelles
1	« Je te ferai devenir une grande nation » (Genèse 46 :3c)	Un esprit du monde spirituel peut multiplier une personne dans sa nouvelle nation.
2	« Moi-même je descendrai avec toi en Égypte » (Genèse 46 :4a)	Suite à la réception d'un sacrifice, un esprit peut migrer avec une personne dans son nouveau pays.
3	« Moi-même je t'en ferai remonter » (Genèse 46 :4b)	Un esprit peut être responsable du décès d'une personne et faire rapatrier son corps dans son pays d'origine.
4	« Et Joseph te fermera les yeux » (Genèse 46 :4c)	Les esprits peuvent décider du lieu où un homme sera enterré, de celui qui s'occupera de cet enterrement ou de qui succèdera à la personne décédée.

Avant son départ pour l'Égypte, Jacob était au courant de tout ce qui devait lui arriver pendant son séjour. De la même manière, plusieurs vont consulter les esprits pour s'informer des événements avant qu'ils se produisent. Ils cherchent à connaître le futur. Tout comme Jacob, vous trouverez des personnes qui sont au courant de ce qui leur arrivera des années à l'avance. Néanmoins, la question est de savoir de quelles sources elles prennent ces informations.

2.5. L'IMMIGRATION EST-ELLE UN MOYEN DE RÉUSSITE?

Dans cette dernière section sur le voyage et les forces ancestrales, il sera question d'étudier les exemples de Jacob et de Naomi, pour discerner si l'immigration est un moyen de réussite.

2.5.1. Cas de Jacob

Dans la section précédente, nous avons vu que l'Éternel a promis à Jacob de faire de lui une grande nation (Genèse 46 :3b). La bénédiction de Jacob ne se trouvait pas dans le pays de Canaan, c'est pour cela qu'il n'était pas encore une grande nation en Canaan. L'Égypte était la terre où l'Éternel allait faire de lui une nation. À cet égard, Jacob devait y immigrer pour que cette promesse puisse voir le jour. La réussite de Jacob, ainsi que celle de sa famille sur la terre d'accueil devaient venir d'une part des forces du monde spirituel, soit de l'Éternel, et d'autre part de sa délocalisation de Canaan à l'Égypte.

Qu'ils soient chrétiens ou pas, les richesses, dont jouissent les humains dans ce monde physique viennent des forces qui opèrent dans le monde spirituel. De même, la pauvreté dans la vie d'un individu peut venir du fait que certaines forces dans le plan spirituel s'opposent à son bien-être sur terre.

Si Jacob avait refusé d'immigrer en Égypte, il n'aurait jamais goûté à la joie qui lui était destinée ainsi qu'à ses enfants. Dans le cas de Jacob, l'immigration a été un gage de réussite. Il en est de même pour un certain nombre de personnes. Elles ne pourront point faire fortune dans leur pays d'origine, tout simplement parce que ce n'est pas le lieu de leur bénédiction. Pour réussir, elles devront quitter leur terre natale pour le pays que Dieu leur a choisi. Par ailleurs, il est possible qu'un individu qui ne parvient pas à joindre les deux bouts dans son pays d'origine puisse facilement prospérer en terre étrangère.

2.5.2.   Cas de Naomi (Ruth 1 :1-21)

L'histoire de Naomi se trouve dans le livre de Ruth. Naomi, son mari et ses enfants immigrèrent dans la contrée de Moab à cause de la famine qui dévorait la nation de Juda. Arrivée dans ce nouveau territoire, son mari mourut et plus tard ses deux fils. Puis, comme Naomi était au pays de Moab, elle apprit que l'Éternel avait visité son peuple et qu'il lui avait donné du pain. C'est alors qu'elle décida de retourner dans son pays d'origine.

> « J'étais dans l'abondance à mon départ, et l'Éternel me ramène les mains vides. Pourquoi m'appellerez-vous Naomi, après que l'Éternel s'est prononcé contre moi, et que le Tout-Puissant m'a affligée? » (Ruth 1 :21)

Selon ce que Naomi déclare dans Ruth 1 :6 et 1 :21, nous pouvons noter deux raisons qui l'ont amenée à quitter le pays de Moab. Primo, elle retourna à Bethléem parce que son peuple avait été visité par l'Éternel, qui leur donna du pain. Secundo, c'est Dieu qui la fit retourner dans son pays d'origine. Suite aux paroles de Naomi, nous pouvons dès à présent comprendre ce qui se passe dans la vie de plusieurs personnes qui ont voyagé à l'étranger. Certaines vont décider de retourner dans leur pays d'origine dès qu'il y a un changement politique ou économique, tandis que d'autres le feront parce qu'elles en sont forcées par les puissances des ténèbres.

Naomi dit: «… et l'Éternel me ramène les mains vides » (Ruth 1 :21b). Il semble que ce n'était pas la première fois qu'elle vivait cette affliction. Ce qui vient d'être énoncé nous permet de parvenir à l'explication suivante: les gens qui utilisent les pouvoirs occultes ont la capacité d'envoyer un démon vers un individu qui vit à l'étranger afin de le ramener dans son pays d'origine. Dans ce cas, l'esprit envoyé contre cette personne mettra en elle le désir de retourner dans sa terre natale. Celle-ci se lèvera un matin, emballera tout ce qui lui appartient et regagnera son pays. Autrement dit, le démon envoyé contre la personne peut inciter les agents d'immigration à la déporter.

Cela me rappelle l'histoire d'un frère qui vivait en Allemagne. Cet homme était marié et avait une jolie fille. Un jour, il prit son passeport et quitta sa maison pour l'aéroport. Là, il acheta un billet et retourna en Afrique. Une fois arrivé dans son pays d'origine, il téléphona à sa femme, qui était à sa recherche, pour lui faire savoir où il était. Ce frère souffrit pendant trois bonnes années pour retourner en Allemagne sans succès, jusqu'à ce qu'il décida de suivre le conseil d'un homme de Dieu. Selon ce ministre, un maléfice avait été jeté pour le faire retourner en Afrique. Bien-aimés, fermez les yeux et priez comme suit:

«Tout pouvoir magique utilisé pour me faire retourner dans mon pays d'origine, sois annulé par le tonnerre de Dieu, au nom de Jésus. »

C'est ainsi que Naomi déclare qu'avant son départ pour le pays de Moab, elle était dans l'abondance. Malgré le fait que la famine frappait sa terre de naissance, elle jouissait d'une assez bonne condition de vie. Dans Ruth 1 :19, nous lisons que les gens de la ville étaient émus à son arrivée à Bethléem. Cette émotion peut nous indiquer qu'avant son départ pour le territoire de Moab, la famille de Naomi était respectée dans la ville de Bethléem.

Suite à ce qui arriva à Naomi, nous pouvons conclure que Moab n'était pas pour Naomi un lieu de prospérité. La faveur de Dieu sur sa vie n'avait pas été prévue dans cette nation. Au contraire, Bethléem de Juda était le lieu où se trouvaient les bénédictions de Naomi. De plus, nous avons vu que la main de l'Éternel s'appesantit contre elle dans le pays où elle immigra. Enfin, le Dieu de sa famille la fit rentrer dans son pays d'origine les mains vides.

Parallèlement, certains immigrants sont réduits à rien par les dieux de leur famille sur leur terre d'accueil. Ils assemblèrent tout ce qu'ils avaient pour partir à l'étranger, croyant le multiplier. Comme Naomi, ceux-ci prospéraient dans leur lieu de naissance. Or, la main des dieux à qui ils firent des sacrifices avant leur départ les trouble dans le pays d'accueil. Démunis, ces immigrants retournent les mains vides dans leur pays d'origine.

Dans le cas de Naomi, l'immigration a été un grand échec, parce qu'elle ignorait le principe de la gestion des bénédictions, qui consiste à retourner à Dieu ce qu'il nous a donné pour qu'il le multiplie, au lieu de le garder pour soi. Naomi prit la grâce divine reçue dans un sol fertile pour aller s'en réjouir dans un territoire maudit. Cette initiative causa un grand désastre dans sa vie. Au premier abord, le malheur qui arriva à Naomi est similaire à ce que vivent certains immigrés aujourd'hui. La prospérité de certains individus se trouve dans leur nation. Pour être bénis, ces derniers n'ont pas besoin de sortir de leur pays d'origine sous prétexte d'une crise politique ou économique.

Dans le tableau récapitulatif suivant, comparons la vie de Naomi à Bethléem et à Moab.

Tableau 4 : Comparaison du vécu de Naomi à Bethléem et à Moab

Bethléem	Moab
Terre de naissance	Terre d'immigration
Endroit de bénédictions	Endroit de malédictions
Lieu de mariage	Lieu où elle devient veuve
Lieu de l'enfantement	Lieu de l'enterrement de ses enfants
Départ les mains pleines	Départ les mains vides

Si votre terre d'accueil est pour vous un lieu de souffrance, les prières suivantes réarrangeront votre situation.

2.6.   SECTION DE PRIÈRES

1.   Droite de l'Éternel, sois appesantie sur les dieux auxquels j'ai offert des sacrifices avant mon voyage, au nom de Jésus.
2.   Feu divin, consume les sacrifices offerts aux dieux étrangers, à la veille de mon voyage, au nom de Jésus.
3.   J'impose le silence à la puissance des bouches ayant déclaré que je serais maudit dans le pays où j'ai immigré, au nom de Jésus.
4.   Tout dieu auquel mes parents ont versé des libations désirant :

-   me nourrir du pain de l'angoisse;
-   m'abreuver de l'eau de la détresse;
-   faire de moi une personne inutile dans le pays où j'ai immigré.

Recule et tombe, au nom de Jésus.

5. Éternel, dans ce pays où j'ai immigré, fais de moi une nation et augmente le nombre de mes jours, au nom puissant de Jésus.

6. Je paralyse la puissance derrière les attaques et les incidents démoniaques produits quelques jours avant mon voyage, au nom de Jésus.

7. Je me sépare des objets occultes que j'ai reçus avant mon voyage ainsi que des esprits qui leur sont associés, au nom de Jésus.

8. Tout esprit venu me parler à la veille de mon voyage, à travers des rêves et des visions, sèche-toi comme de l'herbe sur le toit, au nom de Jésus.

9. Tout objet maléfique, utilisé contre moi dans la magie noire, pour le pays où j'ai immigré, reçois une double destruction, au nom de Jésus.

10. Éternel, détruis les objets maléfiques transportés par mes ennemis de leur terre natale pour le pays où ils ont immigré, au nom de Jésus.

11. J'ordonne aux forces ancestrales, qui sont descendues avec moi dans le pays où j'ai immigré, de rebrousser chemin et retourner d'où elles sont venues, au nom de Jésus.

12. Puissance maléfique, descendue avec moi dans le pays où j'ai immigré, plaçant des obstacles sur mon chemin, sois enterrée par le fossoyeur, au nom de Jésus.

13. Tout esprit, auquel j'ai offert des sacrifices avant mon voyage et qui :

    -   me visite dans les rêves;
    -   apparaît dans mes visions;
    -   m'appelle le jour et la nuit;
    -   me parle pendant que je suis endormi.

    Tombe et ne te relève plus, au nom de Jésus.

14. Au nom de Jésus, par le pouvoir de la vie, manifesté sur ma langue, je déclare que je ne retournerai pas dans mon pays d'origine :

    - dans un cercueil;
    - dans un fauteuil roulant;
    - les mains vides;
    - dans la maladie.

15. Toute puissance descendue avec moi dans la nation où j'ai immigré pour me fermer les yeux, va dans le feu prévu pour Satan et ses anges, au nom de Jésus.

16. Je brise les malédictions de la mort qui ont été prononcées contre moi et qui m'empêchent de voyager, au nom de Jésus.

17. Que le chemin des forces spirituelles qui s'expriment contre mon voyage soit glissant et ténébreux, au nom de Jésus.

18. Révoque, Éternel, les lois du monde spirituel déclarant que je mourrai le jour où je sortirai de ce pays, au nom de Jésus.

19. Je ne rentrerai pas de la même manière que je suis parti, au nom de Jésus.

20. Toute puissance dans le monde spirituel ayant reçu l'ordre d'arracher ma vie dès mon retour de l'étranger, sois poursuivie par l'ange de l'Éternel, au nom de Jésus.

21. Épée divine, transperce les puissances du monde spirituel m'accompagnant partout où je vais, au nom de Jésus.

22. Maudite soit la colère de tous ceux qui en veulent à ma vie pour avoir voyagé, au nom de Jésus.

23. Je restitue les biens et l'argent mal acquis avant mon voyage pour le pays dans lequel je réside, au nom de Jésus.

24. Toute prophétie dont la mission est d'entraîner la mort, la destruction ou l'échec n'aboutira à rien, au nom de Jésus.

25. Bénis, Éternel, mon départ ainsi que mon arrivée dans le pays où je vais résider, au nom de Jésus.

26. Je brise les malédictions de départ et d'arrivée, au nom de Jésus.

27. Mes jours sur la terre où j'ai immigré seront de cent vingt ans, au nom de Jésus.

Chapitre III

VOLER DANS LES RÊVES

D ans ce chapitre, nous traiterons du vol dans les *rêves*. Avant de débuter, approfondissons notre compréhension sur le phénomène du rêve.

3.1. Le rêve

Le mot *rêve* se définit comme étant une :

> « Production psychique survenant pendant le sommeil et pouvant être partiellement mémorisée. » (Le Petit Larousse illustré 2012, p. 954)

Le rêve ou le songe se passe dans l'esprit de l'homme et concerne la vie de l'esprit de l'homme pendant son sommeil.

> « Dieu parle cependant, tantôt d'une manière, tantôt d'une autre, et l'on n'y prend point garde. Il parle par des songes, par des visions nocturnes, quand les hommes sont livrés à un profond sommeil, quand ils sont endormis sur leur couche. Alors, il leur donne

des avertissements et met le sceau à ses instructions afin de détourner l'homme du mal et de le préserver de l'orgueil. » (Job 33 :14-17)

Par ces versets bibliques, nous apprenons que le rêve est un des moyens que Dieu utilise pour parler, avertir et instruire les humains.

Dès lors, nous voyons l'implication des forces spirituelles dans les rêves. Le rêve représente un chemin par lequel les esprits, soit les anges, soit les démons, communiquent avec les humains. Pendant que l'homme dort sur sa couche, son corps physique se trouve en repos. Cependant, son esprit s'est engagé dans des actions produites par les forces spirituelles (anges ou démons). Les rêves concernent la nature humaine et impliquent le monde spirituel. Comme Dieu est le créateur des choses visibles et invisibles, allons dans sa parole pour comprendre la raison pour laquelle les gens volent dans les rêves.

3.2. POURQUOI LES GENS VOLENT-ILS DANS LES RÊVES?

Voler dans les rêves apparaît fréquemment chez l'être humain pendant qu'il est endormi sur sa couche. Des gens se voient régulièrement dans leur vision nocturne voler dans les airs. Certains en sont conscients, d'autres ne le sont pas. Serait-ce une simple expérience? Y a-t-il un message derrière cette œuvre? Bien-aimés, toute expérience qui a lieu dans les rêves et qui n'est pas de Dieu est un acte du malin pour vous nuire. À présent, dirigeons-nous dans les Saintes Écritures d'après le livre de Job 30 :22 :

« Tu me soulèves, tu me fais voler au-dessus du vent,
et tu m'anéantis au bruit de la tempête. »

Ici, la situation que Job traversait était désagréable. Cet homme avait perdu tout ce qu'il possédait, et comme un malheur ne vient pas seul, sa femme décida de le quitter en cette période de trouble. Puis sa famille et ses amis s'éloignèrent de lui. Job devint un objet de moquerie pour ses adversaires, la risée de tous. Cet homme, qui hier était riche, devint tout à coup pauvre et sans abri. Il dut dormir dans la rue, exposé aux intempéries. Son corps était rempli d'ulcères et sa peau collait à ses os. Cet homme avait envie de mourir. Malgré sa condition, Job resta accroché à son Dieu qu'il servait avec tant de détermination.

Bien-aimés, peut-être que vous traversez une situation semblable à celle de Job et que vous voudriez tout laisser tomber, car vous avez perdu tout espoir. Laissez-moi vous annoncer une bonne nouvelle. Cette affliction n'est pas dans votre vie pour vous détruire. En vérité, elle existe pour votre élévation. N'oubliez pas ce que déclare l'Épître de Paul aux Éphésiens :

« [...] et tenir ferme après avoir tout surmonté. » (Éphésiens 6 :13c)

Bien-aimés, il vous faut tenir ferme.

C'est lors de cette situation désagréable que Job a vécu une grande expérience avec Dieu. Voici la raison pour laquelle, quand il parle dans ce verset, il dit : « tu me soulèves [...] » (Job 30 :22a). Ici, Job fait allusion à une force présente autour de lui et non à un homme. Ce n'était point par sa volonté qu'il était soulevé, mais plutôt à cause de cette force divine. Job explique une expérience personnelle. Nous ignorons si cette expérience a eu lieu dans le monde physique, c'est-à-dire pendant qu'il était éveillé, ou pendant son sommeil, donc dans le rêve. Malgré tout, voici ce que nous pouvons déduire. Nous savons que Job a su qu'il venait d'être soulevé et qu'il n'avait aucun contrôle sur cette action.

Soulever veut dire :

> « Lever à une faible hauteur. » (Le Petit Larousse illustré 2012, p. 1026)

Quant au verbe *lever*, il signifie :

> « Diriger vers le haut, mouvoir de bas en haut [...] » (Le Petit Larousse illustré 2012, p. 621)

De part ces deux définitions, nous pouvons conclure que *soulever* signifie prendre du bas vers le haut. Seule une force exercée sur un objet pourra le soulever, tels un ascenseur ou un avion. Pour qu'un engin se déplace du bas vers le haut, son moteur doit être mis en marche. Il en fut de même pour Job, une puissance en dehors ou en dedans de lui le prenait de la terre pour le soulever et ensuite l'amener à planer au-dessus du vent.

Portons notre attention sur cette partie de verset :

> « [...] tu me fais voler au-dessus du vent [...] » (Job 30 :22b)

Le verbe *voler* signifie :

> « Se déplacer, se maintenir dans l'air ou dans l'espace. » (Le Petit Larousse illustré 2012, p. 1152)

Suite à cette définition, si l'action décrite par Job se passait dans le plan physique, la force, qui l'avait soulevé, mouvait Job au-dessus du vent ou bien elle le maintenait dans l'air ou dans l'espace. Nous comprenons ainsi de quelle manière les hommes se déplacent avec leur corps physique dans l'air ou la raison pour laquelle ils sont maintenus dans l'espace. Cette activité est accomplie par l'action d'une puissance. Dès qu'un individu est maintenu dans l'espace physique par l'action d'une force, il s'agit de la lévitation. Du moment où cette puissance, après l'avoir soulevé, le déplacerait au-dessus du vent, il est question de la téléportation.

Un pasteur quitta l'Afrique pour les États-Unis, dans le but d'enseigner sur le domaine de la *délivrance* pendant deux semaines. À la fin de la formation, ce pasteur demanda à l'assemblée si quelqu'un voulait témoigner de son expérience dans l'occultisme ou la sorcellerie. Une jeune demoiselle se leva pour expliquer ce qu'elle avait vécu alors qu'elle était âgée de cinq ans. Elle raconte que sa grand-mère la faisait asseoir devant une marmite aux environs de trois heures du matin et lui donnait de la *chair* humaine à manger. Après quoi, sa grand-maman volait partout dans la maison. L'expérience décrite par cette jeune dame se passait dans le monde physique. Sans aucun doute, sa grand-mère utilisait des pouvoirs maléfiques pour voler.

D'autre part, l'expérience que décrit Job a pu avoir lieu dans le plan spirituel pendant qu'il était sur sa couche. Dans son rêve, Job voyait son esprit se déplacer dans l'air ou être maintenu dans l'espace. Comme un rêve peut être mémorisé, Job repassait à son réveil, dans sa mémoire, le film de ce qu'il a vécu dans son sommeil.

Bien-aimés, lorsque, dans le rêve, vous vous voyez vous déplacer dans l'air ou être maintenu dans l'espace, cette vision montre qu'autour de votre esprit se trouve un pouvoir qui vous soulève. Il serait important de connaître la puissance derrière cette activité d'une part; et d'autre part, la confronter par les prières qui se retrouvent à la fin de ce chapitre. Rien n'indique que cet acte est une initiation à la sorcellerie. L'action se passe dans le rêve et certains esprits, purs ou impurs, en sont responsables.

3.3.   LES NUÉES

L'enlèvement que mentionne l'apôtre Paul dans 1 Thessaloniciens 4 :17 est similaire à l'action que décrit Job. Lisons ce passage :

> « Ensuite, nous les vivants, qui serons restés, nous serons tous ensemble enlevés avec eux sur des nuées, à la rencontre du Seigneur dans les airs, et ainsi nous serons toujours avec le Seigneur. »

Voici une des définitions du verbe *enlever* :

> « Porter vers le haut; soulever. » (Le Petit Larousse illustré 2012, p. 401)

Au jour de l'avènement du Seigneur, les hommes seront portés vers le haut pour rencontrer le Christ dans les airs. Cet enlèvement aura lieu à travers les nuées. Cette déclaration de l'apôtre Paul nous apporte des éclaircissements sur l'expérience de Job. À présent, nous avons une idée de la force qui souleva Job et qui le fit voler au-dessus du vent.

Dans 1 Thessaloniciens 4 :17, nous comprenons ce que font les gens qui sont transportés par les puissances de ténèbres. Ceux-ci vont à la rencontre des êtres supérieurs qui se trouvent sur des planètes, dans l'atmosphère ou sous la mer pour nommer quelques lieux. Puisque les vivants seront enlevés de la terre sur les nuées pour rencontrer le Seigneur dans les airs, nous en déduisons que c'est à travers la nuée que Job volait au-dessus du vent. Job attribua cette activité à Dieu, compte tenu de sa déclaration dans Job 30 :22b : « […] tu me fais voler […] » où il s'adresse au Seigneur.

Bien-aimés, advenant que vous vous trouvez dans le rêve en train de vous envoler dans les airs, cet envol a lieu à travers une nuée sur laquelle vous êtes posés. Certains peuvent voir la nuée, d'autres pas. Étant donné que vous n'êtes pas un oiseau pour voler dans les airs, à qui attribuerez-vous cette activité? Deux sources de puissances peuvent se manifester : celle de Dieu et celle de Satan. Ceux qui croient que le diable n'est pas capable de faire léviter ou de téléporter un individu se trompent. Jetons un coup d'œil dans les Écritures, dans l'Évangile selon Mathieu 4 :5 :

> « Le diable le transporta dans la ville sainte, le plaça
> sur le haut du temple »

Voici l'explication de ce verset. Tandis qu'il fut tenté dans le désert après ses quarante jours de jeûne, le Seigneur Jésus a été transporté par le diable du désert vers la ville sainte. Il avait été porté du lieu où il se trouvait vers un autre endroit, non pas par sa puissance, mais plutôt par celle du malin.

C'est grâce aux nuées que les hommes lévitent ou sont téléportés. Ces gens, qui se vantent de disparaître d'un lieu pour apparaître dans un autre lieu, sont des menteurs. Ils veulent détourner l'attention du monde sur la réalité de leur action. Ceux-ci ne cessent pas d'être visibles. Ils sont plutôt transportés par les puissances des ténèbres qui agissent sous la forme de nuées.

3.4. NOS PIEDS NE GLORIFIERONT PAS SATAN

Dans sa vision nocturne, Daniel déclare qu'il a vu quelqu'un semblable à un fils de l'homme arriver sur les nuées des cieux (Daniel 7 :13). Bien-aimés, dans le monde physique les hommes ont besoin de véhicules pour circuler. De même, dans le monde spirituel, les esprits se servent de nuées pour aller d'un endroit à un autre, comme l'indique ce verset du livre de Daniel. Dans un autre passage, le roi David eut une vision sur cette même situation. Elle nous donne une information importante qui nous permet de focaliser nos prières sur une partie de notre corps en particulier : nos pieds. David atteste avoir vu l'Éternel qui descendait des cieux, ayant sous ses pieds une épaisse nuée.

Dans le prochain tableau, nous voyons les personnages bibliques, mentionnés dans ce chapitre, qui ont volé sur les nuées et si leur activité doit être attribuée à Dieu ou à l'ennemi.

Tableau 5 : Personnages bibliques qui ont volé sur les nuées et la puissance responsable de cette activité

Personnages bibliques	Références bibliques	Puissance responsable de cette activité
Job	« Tu me soulèves, tu me fais voler au-dessus du vent […] » (Job 30 :22a)	Dieu
Dieu	« Il abaissa les cieux, et il descendit : il y avait une épaisse nuée sous ses pieds. » (Psaumes 18 :10)	Dieu
Quelqu'un semblable à un fils de l'homme	« […] et voici sur les nuées des cieux arriva quelqu'un semblable à un fils de l'homme [...] » (Daniel 7 :13b)	Dieu

Personnages bibliques	Références bibliques	Puissance responsable de cette activité
Jésus	« Le diable le transporta dans la ville sainte, le plaça sur le haut du temple » (Mathieu 4 :5)	Satan
Philippe (voir la section des déplacements au Chapitre 6)	« Quand ils furent sortis de l'eau, l'Esprit du Seigneur enleva Philippe, et l'eunuque ne le vit plus. » (Actes 8 :39a)	Dieu
Les vivants	« […] nous seront tous ensemble enlevés avec eux sur des nuées […] » (1 Thessaloniciens 4 :17)	Dieu

Pour conclure, Dieu a soulevé Job, Satan a transporté Jésus. Bien-aimés, si dans votre rêve vous vous voyez en train de voler dans les airs, demandez au Seigneur le discernement pour savoir qu'elle énergie est à l'origine de cet envol. S'il s'avère que le diable aurait placé ses nuées (ou démons) sous vos pieds, je vous invite à prier avec une sainte violence pour mettre fin à cette œuvre du malin dans votre vie. Vos pieds doivent glorifier Dieu et non les œuvres des ténèbres. Le Seigneur vous les a donnés pour porter l'Évangile partout dans le monde, pas pour vous en servir sur de vaines expériences sataniques qui ruineront votre âme. De même, dans le cas où vous avez exercé la lévitation ou la téléportation, ces prières de combat et de délivrance sont la solution qui vous permettra de vous débarrasser de cette situation.

3.5. SECTION DE PRIÈRES

1. Par le bruit du tonnerre, j'anéantis la puissance de Satan qui me fait léviter, au nom de Jésus.

2. Par le bruit du tonnerre, je neutralise la puissance de Satan qui me téléporte, au nom de Jésus.

3. Par le bruit de la tempête, je déchire les nuages maléfiques sous les pieds des fils de la rébellion, au nom de Jésus.

4. Par le bruit de la tempête, j'écrase les forces qui soulèvent mon esprit pour le maintenir dans l'espace, au nom de Jésus.

5. Par le bruit de la tempête, je mets en fuite les forces qui soulèvent mon esprit pour le déplacer au-dessus du vent, au nom de Jésus.

6. Épée du Saint-Esprit, déchire toute nuée placée sur mes pieds par les forces de la nuit, au nom de Jésus.

7. Aile du vent, sur laquelle planent les forces de ténèbres, sois brisée, au nom de Jésus.

8. Mon esprit, descends du vent sur lequel tu t'envoles, au nom de Jésus.

9. Je déchire les nuées sur lesquelles se déplacent les démons dans l'air, au nom de Jésus.

10. Mes pieds, rejetez les nuages de la sorcellerie, au nom de Jésus.

11. Par le sang de Jésus, j'efface les rêves dans lesquels je m'envolais dans les airs, au nom de Jésus.

12. Tout aigle maléfique, portant mon esprit sur ses ailes dans mes rêves, assez, libérez-moi, au nom de Jésus.

13. Tout rouleau maléfique, volant dans les airs avec mon esprit, assez, retire-toi au nom de Jésus.

14. Disperse, Éternel, la rencontre des forces maléfiques dans les airs, au nom de Jésus.

15. Par la puissance que contient le sang de Jésus, j'annule toute expérience maléfique dans les airs, au nom de Jésus.

16. Ange de Satan, transportant mon esprit vers une destination inconnue, sois foulé au pied, au nom de Jésus.

17. Tout oiseau nocturne amenant sur ses ailes mon esprit, libère-le et tombe dans le filet fatal, au nom de Jésus.

18. Par la pierre de la fronde, je détruis les esprits malins venant vers moi dans une épaisse nuée, au nom de Jésus.

19. Mon esprit, échappe-toi des tourbillons qui te font monter dans l'espace, au nom de Jésus.

20. J'anéantis la puissance permettant aux sorciers de voler ou planer sur le vent, au nom de Jésus.

21. Tout démon descendu des cieux, du soleil ou de la lune et ayant à ses pieds une épaisse nuée je brise ta nuque, au nom de Jésus.

22. Toute puissance placée sur le haut de cette maison, descends, sois roulée comme une pierre, au nom de Jésus.

23. Toute personne se déplaçant la nuit sur une nuée, renonce à tes mauvaises œuvres, au nom de Jésus.

24. Assemblée des sorciers, élevés dans une nuée, retournez dans vos demeures, au nom de Jésus.

25. Éternel, fais tomber les étoiles maléfiques parties de l'Orient pour le dessus du lieu où j'habite, au nom de Jésus.

CHAPITRE IV

LES BAINS MALÉFIQUES

C e chapitre portera sur des bains maléfiques, une des techniques utilisées par Satan et ses agents pour retenir leurs captifs.

4.1. L'OUVRIER ET LE DESTRUCTEUR

Dans le livre d'Ésaïe, l'Éternel fait une déclaration importante sur notre ennemi et ses activités :

> « Voici, j'ai créé l'ouvrier qui souffle le charbon au feu, et qui fabrique une arme par son travail; mais j'ai créé aussi le destructeur pour la briser. » (Ésaïe 54 :16)

Satan représente l'ouvrier dont la Bible fait allusion. Il se fabrique sans cesse des armes de combat et d'affliction. Cet ancien chérubin protecteur travaille sans arrêt pour se lever contre Dieu, d'autant plus qu'il a été chassé des cieux. Il œuvre contre la progéniture de la femme et tous ceux qui ont le témoignage de Jésus-Christ. Les armes forgées par ce serpent sont emmagasinées dans ses réserves et distribuées à ses agents pour être utilisées quand une opportunité se présente. Ces instruments, qui ont tant de succès dans le monde, détruisent hommes, femmes et enfants.

Ces munitions sont introduites dans l'Église par des loups à travers des doctrines pernicieuses. Bien-aimés, Jésus-Christ est venu pour détruire les œuvres des ténèbres. C'est la raison pour laquelle la seconde partie du verset ci-haut nous annonce cette bonne nouvelle : « […] mais j'ai créé aussi le destructeur pour la briser. » Le destructeur vient briser l'arme que l'ouvrier s'était fabriquée. Donc, peu importe le lieu où cette arme est dirigée ou utilisée, le destructeur détient le pouvoir de la localiser et de la détruire. Bien-aimés, Dieu n'empêchera pas le diable de se fabriquer des armes. Notre Seigneur ne lui interdira pas non plus de les utiliser contre nous. Or, ce que l'Éternel nous promet, c'est d'empêcher que ces armes prospèrent dans nos vies.

4.2. L<small>ES</small> <small>BAINS DANS L</small>'A<small>NCIEN</small> T<small>ESTAMENT</small>

Dans Exode 40 :12, la Bible déclare :

> « Tu feras avancer Aaron et ses fils vers l'entrée de la tente d'assignation, et tu les laveras avec de l'eau. »

Voici les points que nous pouvons dégager de ce passage :

- I<small>NSTRUCTION DIVINE</small> : L'Éternel donna à Moïse l'instruction de purifier Aaron et ses fils. Moïse n'avait pas décidé d'entreprendre ce travail. Il exécutait un ordre divin qui lui avait été donné.
- I<small>NSTRUCTION DU MONDE SPIRITUEL</small> : L'action de Moïse sur Aaron et ses fils venait du monde spirituel. Il était

dans le monde physique, tandis que le Créateur, qui s'adressait à lui, se trouvait dans le plan spirituel.

- LIEU DU BAIN : L'instruction fut donnée à Moïse de laver son frère et ses neveux devant la tente d'assignation. Le Tout-Puissant avait choisi le lieu où ces gens devaient être lavés. Le fait que ce bain prenait place devant la tente d'assignation démontre qu'il n'y avait rien de mauvais derrière cette action.

- HEURE DU BAIN : Moïse devait administrer ce bain en plein jour, tel que nous le confirme la déclaration du Seigneur dans Jean 9 :4. Notre Père agit toujours dans la transparence. Ce bain devait être vu par les enfants d'Israël afin qu'ils connaissent les desseins de l'Éternel pour ses serviteurs.

- PRONONCIATION : Le Seigneur n'avait pas ordonné à Moïse de prononcer des paroles pendant qu'il baignerait Aaron et ses fils.

- PRÉSENCE DIVINE : La présence de l'Éternel était autour du *tabernacle* et de la tente d'assignation, en conséquence, c'était devant Dieu que ce bain avait lieu.

- OBJET DE PURIFICATION : Moïse reçut l'ordre de les purifier uniquement avec de l'eau. L'eau utilisée pour la circonstance ne devait pas être mélangée avec un autre produit.

4.3. COMMENT COMPTAIT PROCÉDER LE PROPHÈTE À CE BAIN?

La question que nous devons nous poser est de savoir comment Moïse envisageait de procéder à ce bain. Aaron était âgé de quatre-vingt-trois ans (Exode 7 :7). Ses fils étaient certainement des hommes d'un âge mûr. Est-ce que Moïse devait laver Aaron et ses fils nus devant la tente d'assignation? Qu'est-ce que les gens auraient pensé de ce geste? N'est-il pas étrange de voir un vieillard en nettoyer un autre dans sa tenue d'Adam? Ceux qui accomplissent ce type de bain ont-ils perdu la tête ou la raison?

4.4.   L'ACTION DU SEIGNEUR SUR SES DISCIPLES

Pour comprendre la manière que Moïse a procédé pour purifier Aaron et ses enfants, examinons ce que fit le Seigneur à ses disciples :

> « Ensuite il versa de l'eau dans un bassin, et il se mit à laver les pieds des disciples, et à les essuyer avec du linge dont il était ceint. Jésus lui dit : Celui qui est lavé n'a besoin que de se laver les pieds pour être entièrement pur; et vous êtes pur, mais non pas tous. » (Jean 13 :5 et 10)

Cela dit, le lavage que fit le Seigneur à ses disciples est l'image de l'ordre que reçut Moïse de Dieu dans l'Ancien Testament. Dans les deux versets précédents, la Bible mentionne uniquement le lavage des pieds. Dans cette histoire, même lorsque Pierre a insisté pour que ses mains et sa tête soient lavées, le Seigneur Jésus le lui a refusé (Jean 13 :9).

Avec cette information, nous pouvons déduire que Moïse n'a pas mis à nu son grand frère et ses neveux pour les baigner, il leur lava plutôt les pieds.

4.5.   LE BUT DES BAINS DANS L'ANCIEN ET LE NOUVEAU TESTAMENTS

Généralement, dans l'Ancien et le Nouveau Testaments, les bains sont faits pour les mêmes raisons. Les Écritures démontrent une ressemblance entre ce que fit Dieu avec les prophètes et ce que réalisa Jésus quand il était sur terre. Dans l'Ancien Testament, les bains étaient utilisés pour la purification et la sanctification de ceux qui devaient travailler pour l'Éternel (Exode 40 :12-15). Il en fut de même quand le Seigneur Jésus lavait les disciples. Il était question de les purifier, car ils avaient été choisis pour amener l'évangile dans le monde (Mathieu 28 : 18-19; Jean 13 :3-10). Une seconde utilisation des bains dans l'Ancien et le Nouveau Testaments se trouve dans le cadre d'une guérison (2 Rois 5 :10 et Jean 9 :6-7).

4.6. CONDAMNER LES ŒUVRES DES TÉNÈBRES

> « Et ne prenez point part aux œuvres infructueuses des ténèbres, mais plutôt condamnez-les. » (Éphésiens 5 :11)

La Bible nous recommande de marcher d'une manière digne du Seigneur et lui être entièrement agréables, portant des fruits en toutes sortes de bonnes œuvres. De plus, elle nous ordonne de condamner ces mauvaises œuvres. Ici, deux actions doivent être prises par le chrétien : d'abord, il doit rejeter tout ce qui vient du diable, ensuite, il doit désapprouver rigoureusement ces œuvres ténébreuses. En effet, nous désobéissons à la parole de Dieu en rejetant les œuvres des ténèbres, sans les blâmer. De même, stigmatiser les œuvres de l'ennemi et puis en prendre part ensuite, n'est pas ce que Dieu attend de nous.

Bien-aimés, il est possible qu'un faux prophète en vêtements de brebis vous recommande de verser dans l'eau de l'huile, qu'il appellera « huile d'onction » et de lire des versets bibliques en prenant votre bain. Demandez-lui de vous démontrer cette pratique dans la parole de Dieu. Comme il ne pourra la prouver, vous devrez par la suite, condamner cette œuvre. Quand bien une fausse prophétesse vous dirait d'aller vous lavez à minuit au carrefour pour que votre situation change, ne participez pas à cette œuvre. Vous remarquez les représentations suivantes :

- INSPIRATION DÉMONIAQUE : C'est sous l'inspiration ou sous l'ordre d'un démon que ce faux prophète vous a parlé. Un esprit impur se serait servi de ce dernier pour vous demander d'aller prendre ce bain.
- LIEU DU BAIN : Le lieu où vous irez prendre le bain est choisi par l'esprit malin qui parle à travers le faux prophète. Dieu ordonna à Moïse de laver Aaron devant la tente d'assignation. De même, ces esprits malins, au travers de ces prophètes, envoient leurs clients prendre des bains à divers endroits tels qu'au bord des rivières, dans les cimetières, aux carrefours, derrière une maison lors de la pleine lune, pour en nommer quelques-uns.
- PRÉSENCE DÉMONIAQUE : Un démon se trouve déjà en ces lieux au moment de vous laver. C'est devant ce démon que vous exhibez votre nudité.
- PERSONNE QUI ADMINISTRE LE BAIN : Les plus malins d'entre ces faux prophètes se proposent eux-mêmes de laver leur client, tel que Moïse le fit pour Aaron et ses fils.
- CONSÉCRATION : Pendant que ces menteurs lavent leur client en prononçant des imprécations, ils consacrent cette personne à leur démon ou à leur dieu étranger. Cette personne ignore qu'elle est purifiée pour devenir la propriété d'une autre divinité.
- RÉPERCUSSIONS : Enfin, pendant ce type de bain, le faux prophète et sa cliente pourront par maladresse tomber dans *l'adultère* ou la fornication.

Le prochain tableau compare diverses activités selon que le bain est inspiré de Dieu ou du diable.

Tableau 6 : Bain divin versus bain démoniaque

Activités	Bain divin	Bain démoniaque
Provenance de l'instruction	Inspirée de Dieu	Inspirée de Satan
Personne qui administre le bain	Un homme de Dieu	Un faux prophète
Lieu du bain	Devant la tente d'assignation	Au bord des rivières, dans les cimetières, aux carrefours, derrière une maison lors de la pleine lune, dans les temples ou dans les maisons
Heure du bain	En plein jour	Souvent la nuit (peut aussi avoir lieu de jour ou tôt le matin)
Prononciation	Aucune	Prononcer des imprécations ou des versets bibliques
Présence	Divine	Démoniaque
Objet de purification	De l'eau	De la fausse « huile d'onction » avec les ossements d'un animal, une pièce de monnaie dans l'eau, ou tout autre objet donné par le marabout
Consécration	À Dieu	À un démon ou à un dieu étranger
Répercussions	Être pur pour le service de Dieu	Peut souvent amener les gens à tomber dans le péché ou à être possédé par un esprit

4.7. Divers types de bains maléfiques

Dans cette section, nous traiterons des bains pratiqués avec des savons maléfiques, des bains de sel, de sang, et des bains de la religion musulmane.

4.7.1.   Bains avec des savons maléfiques (Job 9 :30-31)

> « Quand je me laverais dans la neige, quand je purifierais mes mains avec du savon, tu me plongerais dans la fange, et mes vêtements m'auraient en horreur. » (Job 9 :30-31)

Dans ce passage, le savon, dont parle Job n'a pas le potentiel de le rendre pur devant la face de Dieu. Son utilisation aurait entraîné la souillure dans la vie de Job et l'Éternel l'aurait répugné. Bien-aimés, pour être purifiés, nous avons besoin de la parole de Dieu et de la prière, telle que nous le confirment les Écritures :

> « Parce que tout est sanctifié par la parole de Dieu et par la prière. » (1 Timothée 4 :5)

Aucun prophète dans la Bible n'a donné de savon à quelqu'un pour s'en servir sous prétexte que Dieu répondra à ses requêtes. À première vue, selon Job 9 :30-31, une personne utilisant un savon qui lui a été offert des mains d'un faux prophète, attirera la colère de l'Éternel contre elle. L'utilisateur de ce mauvais savon sera plongé dans la fange (boue épaisse). Ses vêtements pourront être utilisés contre lui. De plus, il sera horrible, impur jusqu'au jour où il cherchera la face du Dieu Tout-Puissant. Bien-aimés, si vous vous servez d'un de ces savons, vous ferez mieux de vous en débarrasser tout de suite. Demandez à l'Éternel de vous purifier des souillures introduites dans votre corps à cause de ces savons.

Une Africaine, qui en avait marre de souffrir, décida de prendre sa destinée en main. Elle alla chercher secours chez un docteur traditionnel dans l'espoir de voir sa vie changer. Elle reçut de ce dernier un savon en pâte, dans un pot semblable à une calebasse, pour le bain. Gérante dans un bar, cette femme constata un changement rapide se manifester dans sa vie. L'usage du savon lui entraîna la faveur des gens à son égard et sa situation financière fut rétablie. Or, plusieurs années plus tard, cette dame se rendit compte qu'elle était confrontée à un autre problème. Voilà maintenant que son argent se dilapidait sans qu'elle réalise de projets concrets avec son avoir.

4.7.2.   Bains par utilisation du sel (Jérémie 2 :22)

> « Quand tu te laverais avec du nitre, quand tu emploierais beaucoup de potasse, ton iniquité restera marquée devant moi, dit le Seigneur, l'Éternel. » (Jérémie 2 :22)

Pour bien saisir ce verset, examinons quelques définitions.

Le mot *nitre* veut dire :

> « Salpêtre. » (Le Petit Larousse illustré 2012, p. 734)

Le mot *salpêtre* signifie :

> « Efflorescence du nitrate de potassium, fréquente sur les murs humides et utilisée pour fabriquer de la poudre. » (Le Petit Larousse illustré 2012, p. 978)

Le mot *nitrate* se définit comme suit :

> « Sel de l'acide nitrique. » (Le Petit Larousse illustré 2012, p. 734)

En somme, le nitre c'est du sel.

Un simple coup d'œil au verset biblique ci-dessus dans Jérémie 2 :22, nous permet de comprendre clairement que l'Éternel des armées fait référence à des personnes qui ont recours aux bains de sel maléfique pour la purification de leur corps ou pour résoudre leurs problèmes. Bien-aimés, c'est un péché devant Dieu pour un individu de verser de l'eau dans un bassin ou un sceau et ensuite d'y introduire du sel pour prendre son bain. Dieu nous informe que ce péché restera marqué devant lui. En vérité si vous vous êtes engagés dans ce type d'activité, vous devez retourner rapidement vers votre Dieu pour lui demander pardon, afin qu'il vous délivre des mains de l'ennemi qui vous retient captif. Ne vous laissez pas tromper par ces faux prophètes qui vous diront que nous sommes le sel de la terre et que par conséquent, vous pouvez vous laver avec du sel. Cette doctrine vient du malin et non des Saintes Écritures. Si Dieu voulait rendre votre corps physique salé, il aurait fait de vous une morue, le poisson salé de mer!

4.7.3.   Bains de sang (1 Rois 22 :38)

Le roi Achab alla en guerre contre les Syriens avec le roi Josaphat. Le combat devint acharné, au point où le roi Achab mourut d'une blessure qui versa son sang dans le char. Par la suite, les serviteurs de ce roi mort sortirent son corps du char et ils allèrent laver le char rempli de sang dans les eaux de la Samarie. Le sang du roi se répandit dans tout l'étang.

> « Lorsqu'on lava le char à l'étang de Samarie, les chiens léchèrent le sang d'Achab, et les prostituées s'y baignèrent, selon la parole que l'Éternel avait prononcée. » (1 Rois 22 :38)

Des *prostituées* sont venues se laver dans cette eau mélangée de sang humain. Celles-ci ont eu un bain de sang. Leur corps physique a été imbibé de sang humain. Ainsi, elles ont toutes contracté la même alliance de sang. De nos jours, tout comme ces prostituées, des gens prennent des bains de sang suivant la recommandation de faux prophètes qui désirent satisfaire leur maître Satan.

Un autre type de bain de sang est décrit dans le livre de Lévitique 8 :30. Dans ce verset, Dieu recommande à Moïse de prendre de l'huile d'onction et du sang qui étaient sur l'autel et de les asperger sur Aaron, ses fils et leurs vêtements de sorte qu'ils soient sanctifiés. Le sang, que prit Moïse sur l'autel, était celui des béliers. À partir de cet exemple, nous découvrons un autre type de bains maléfiques que pratiquent les fils de la rébellion. Pendant certains rituels, des animaux comme des boucs, des bœufs ou des poules, sont égorgés dans le but de recueillir leur sang pour le verser sur les humains ou pour les laver. Dès que ce bain a lieu dans la vie d'une personne, celle-ci est automatiquement enchaînée par le diable.

4.7.4. Bains de la religion musulmane

> « Pierre lui dit : Non, jamais tu ne me laveras les pieds. Jésus lui répondit: Si je ne te lave, tu n'auras point de part avec moi. Simon Pierre lui dit : Seigneur, non seulement les pieds, mais encore les mains et la tête. Jésus lui dit : Celui qui est lavé n'a besoin que de se laver les pieds pour être entièrement pur, et vous êtes purs, mais non pas tous. » (Jean 13 :8-10)

En analysant ces versets, nous pouvons en dégager les conclusions suivantes. Tout d'abord, l'idée de se purifier en se lavant les mains, la tête ainsi que les pieds venait de Pierre. Le Seigneur a repris son disciple en rejetant cette manière de s'assainir. Par la suite, le Seigneur montra à Pierre la méthode à suivre pour se rendre pur. Enfin, la purification permet à un individu d'avoir en partage une récompense auprès d'une divinité.

En outre, les partisans de la religion musulmane suivent la méthode de Pierre, qui consiste à se laver la tête, les mains et les pieds, chaque fois qu'ils désirent se purifier. Pourtant, le Seigneur a rejeté cette manière. Dans Marc 8 :33, le Seigneur réprimanda fortement Pierre en lui ordonnant :

> « [...] Arrière de moi, Satan! »

Il est probable que Satan voulait encore se servir de Pierre pour détourner le plan de Dieu. Dans la même veine, chaque fois qu'un musulman se lave les mains, la tête et les pieds, il le fait pour avoir en partage une récompense auprès d'un dieu qui n'est pas celui qui a créé les cieux et la terre. Cet adepte s'engage dans un bain maléfique. Par ce geste, il vénère l'esprit qui avait parlé à travers la bouche de Pierre. Un chrétien, qui a été musulman dans le passé, doit briser le joug de cet esprit malin dans sa vie.

4.7.5.   Bains dans les cours d'eau

Naaman était un homme de guerre, un chef militaire atteint de la lèpre. Il quitta son pays, la Syrie, pour la Samarie, dans le but de rencontrer le prophète Élisée. Naaman voulait guérir de cette maladie. Le prophète Élisée donna à ce chef militaire, une instruction inspirée du Saint-Esprit :

> « Naaman vint avec ses chevaux et son char, et il s'arrêta à la porte de la maison d'Élisée. Élisée lui fit dire par un messager : Va, et lave-toi sept fois dans le

Jourdain; ta chair redeviendra saine, et tu seras pur. »
(2 Rois 5 :9-10)

Dieu avait décidé de guérir cet homme dans les eaux du Jourdain. Dans le verset quatorze de ce même chapitre, la Bible stipule que Naaman se plongea sept fois dans le Jourdain selon la parole d'Élisée et il devint pur. Naaman a agi par la foi et il a reçu sa *délivrance*, car un ange de Dieu était passé agiter l'eau du Jourdain quelques minutes avant (Jean 5 :4).

À l'heure actuelle, de faux pasteurs infiltrés dans l'Église pratiquent la guérison à travers les bains dans les cours d'eau. Ils recommandent à leurs fidèles d'aller se laver dans les cours d'eau sous prétexte qu'ils seront guéris ou délivrés des mains de la force derrière leur problème. En réalité, par quels esprits parlent-ils? Lorsque leurs fidèles exécutent ce qui leur a été conseillé, ces derniers ouvrent une brèche à Satan dans leur vie à travers ce bain maléfique. Maintenant, les esprits marins seront invités à envahir la vie de ces personnes. Élisée n'est point allé au Jourdain laver Naaman. Jésus n'est pas allé au réservoir de Siloé laver le jeune aveugle pour qu'il retrouve la vue.

Bien-aimés, certains d'entre vous, d'une manière ou d'une autre, ont pris des bains maléfiques soit par ignorance ou sous la contrainte. Il n'est pas trop tard, Dieu a le pouvoir de vous délivrer, seulement si vous le désirez.

Maintenant, je vous invite à effectuer les prières ci-dessous avec une sainte colère de manière que les forces entrées dans votre vie au travers de ces bains maléfiques soient confuses et prennent fuite par des chemins différents. Notre Dieu est un marteau, un instrument de guerre. Il est prêt à intervenir dans nos entreprises chaque fois que nous crions vers lui pour nous secourir.

4.8.   SECTION DE PRIÈRES

1.   Que tout bain maléfique de sang affectant mon corps soit détruit, au nom de Jésus.
2.   Sang des boucs et des poules, aspergé sur mon corps dans un rituel, perds ta puissance, au nom de Jésus.
3.   Je brise les alliances dans lesquelles je suis entré à travers les bains maléfiques de sang, au nom de Jésus.
4.   Voix du sang des animaux, utilisée dans les bains maléfiques, criant contre moi, silence, tais-toi, au nom de Jésus.
5.   Tout homme, qui désire mon sang ou celui de mes enfants pour prendre un bain maléfique, sois jugé par ta conscience, au nom de Jésus.
6.   Feu du Saint-Esprit, consume les bassins et les éponges utilisés par mes ennemis dans les bains maléfiques, au nom de Jésus.
7.   Détruis, Éternel, les savons utilisés dans les bains maléfiques, au nom de Jésus.
8.   Je détruis la puissance des gens qui prennent des bains de savon maléfique pour voiler mon intelligence ou me séduire, au nom de Jésus.
9.   Je détruis la puissance des gens qui prennent des bains de savon maléfique pour m'envouter ou me dominer, au nom de Jésus.
10.   Je détruis la puissance des gens qui prennent des bains de savon maléfique pour me confronter ou me résister, au nom de Jésus.
11.   Par le sang de Jésus, je détruis la pollution des savons maléfiques utilisés pour purifier mon corps, pour m'attirer de la faveur ou pour me protéger, au nom de Jésus.

12. Tout esprit malin, me plongeant dans la fange, parce que j'ai utilisé les savons du monde de ténèbres, sois roulé comme une balle, au nom de Jésus.

13. Je détruis et je me débarrasse des savons que les faux prophètes m'ont donnés, au nom de Jésus.

14. Tout démon dans le monde spirituel déclarant que mon sang servira de bain aux prostituées avale tes paroles, au nom de Jésus.

15. Tout faux prophète se purifiant les mains avec du savon dans le but d'opérer des miracles, je crible tes puissances comme le froment, au nom de Jésus.

16. Détruis, Éternel, l'affliction causée dans ma vie par l'utilisation des savons maléfiques, au nom de Jésus.

17. Par le sang de Jésus, j'extermine les parfums des savons maléfiques utilisés pour me purifier, au nom de Jésus.

18. Par le sang de Jésus, j'extermine les odeurs des savons maléfiques qui causent le rejet dans ma vie, au nom de Jésus.

19. Tout démon présent lors des bains maléfiques qui ont lieu aux carrefours, dans les rivières, dans les cimetières, derrière les maisons, dans les temples ou dans les forêts, fuis par sept chemins, au nom de Jésus.

20. Tout démon présent pendant les bains de sang, les bains de sel, les bains de savon maléfique, sois enchaîné par l'ange de l'Éternel, au nom de Jésus.

21. Tout élément de la nature qui contrôle ma vie depuis que j'ai effectué un bain maléfique, retire-toi, au nom de Jésus.

22. Je lie et je chasse les esprits marins entrés dans ma vie après que je me sois plongé sept fois dans les rivières, au nom de Jésus.

23. Je lie et je chasse les esprits malins qui possèdent mon corps physique à travers les bains maléfiques, au nom de Jésus.

24. Éternel, place un joug de moulin sur le cou des génies ou des puissances des marabouts prenant des bains maléfiques avant la préparation des rituels ou des fétiches contre ma personne, au nom de Jésus.

25. J'annule la recommandation des faux prophètes me conseillant d'aller me plonger sept fois dans un cours d'eau, au nom de Jésus.

26. Tout démon, qui se sert de la bouche des faux prophètes pour m'exciter à prendre un bain maléfique, mange la poussière, au nom de Jésus.

27. Éternel, ébranle la puissance des mains qui ont parcouru mon corps pendant les bains maléfiques, au nom de Jésus.

28. J'annule toute consécration aux dieux étrangers à travers les bains maléfiques, au nom de Jésus.

29. Tout dieu étranger à qui j'ai été offert, lors de bains maléfiques, sois transpercé par les flèches, au nom de Jésus.

30. Je lie les paroles obscures que j'ai prononcées pendant les bains maléfiques, au nom de Jésus.

31. Je lie les paroles magiques prononcées par les gens iniques pendant les bains maléfiques, au nom de Jésus.

32. Par le sang de Jésus, j'efface les péchés causés par les bains de sel, au nom de Jésus.

33. Pardonne-moi, Éternel, de m'être lavé avec du sel. Que cette iniquité soit effacée de devant toi, au nom de Jésus.

34. Par le sang de Jésus, j'efface de la mémoire des forces de ténèbres les bains de sel maléfiques que j'ai effectués, au nom de Jésus.

35. Je brise les alliances contractées avec le monde de ténèbres à travers les bains de sel maléfique, au nom de Jésus.

36. Sel démoniaque utilisé pour la purification de mon corps, perds ta saveur dans ma vie, au nom de Jésus.

37. J'agite hors de mon corps le sel des bains maléfiques, au nom de Jésus. *(Lier l'acte à la parole pendant que vous priez.)*

38. Sel maléfique semé dans ma vie à travers les bains sois détérioré, au nom de Jésus.

39. Ange de l'Éternel frappe les puissances qui ont eu recours aux bains de sel pour me limiter, au nom de Jésus.

40. Que la puissance derrière les bains de la region musulmane soit humiliée dans ma vie, au nom de Jésus.

41. Par la puissance du Saint-Esprit, je commande la destruction du sel, de l'huile et de toute autre substance introduite dans l'eau par mes adversaires pendant qu'ils se baignaient, au nom de Jésus.

42. Par la puissance du Saint-Esprit, j'ordonne la destruction des pièces de monnaies, des ossements et des autres matériaux occultes introduits dans l'eau par mes ennemis pendant qu'il prenaient leur bain, au nom de Jésus.

Chapitre V

CONFRONTER LE MAUVAIS ESPRIT DE VOTRE ONCLE

L a Bible nous atteste de quelle manière les péchés du père peuvent affecter la vie de ses enfants et de ses petits enfants jusqu'à la quatrième génération (Exode 20 :5). De plus, la parole nous informe qu'une mère peut donner naissance et ensuite manger cet enfant (2 Rois 6 :28-29). Ces exemples ont pour but de nous amener à comprendre que nos parents peuvent être responsables des problèmes qui troublent nos vies.

Dans sa parole, Dieu ne s'est pas limité à pointer du doigt nos pères et nos mères. En effet, il est allé plus loin en ajoutant d'autres membres de nos familles à considérer comme nos ennemis, en l'occurrence, nos oncles et nos tantes.

5.1. Le face à face

Laban, l'Araméen, était l'oncle de Jacob. Il était le frère de Rebecca, la mère de Jacob. Les parents de Jacob, Isaac et Rebecca, lui recommandèrent d'aller chez son oncle Laban pour y prendre une femme. D'ailleurs, son départ lui permettait aussi de s'éloigner de son frère Ésaü qui désirait le faire mourir. Vingt ans plus tard, Jacob constate que son oncle, qui était aussi devenu son beau-père, ne voulait pas le laisser partir. Cet oncle était un obstacle, un mur, celui qui le limitait, la force qui l'empêchait d'entrer dans sa gloire, une montagne de Pisga dans sa vie. Jacob, qui en avait assez, se leva pour le confronter face à face.

> « Lorsque Rachel eut enfanté Joseph, Jacob dit à Laban : Laisse-moi partir, pour que je m'en aille chez moi, dans mon pays. Donne-moi mes femmes et mes enfants, pour lesquels je t'ai servi, et je m'en irai; car tu sais quel service j'ai fait pour toi. Laban lui dit : Puissé-je trouver grâce à tes yeux! Je vois bien que l'Éternel m'a béni à cause de toi. » (Genèse 30 :25-27)

Bien-aimés, il est difficile d'admettre que les personnes que vous aimez le plus sont souvent celles qui vous empêchent d'avancer. Grande sera votre surprise le jour où vous aurez ce genre de révélation. Où irez-vous? Comment expliquer que votre oncle est celui qui vous met les bâtons dans les roues? Vous n'en croirez pas vos yeux. C'est à ce moment que les questions suivantes rempliront votre esprit : mon oncle aurait-il vraiment agi contre mon avancement? Qu'ai-je fait à ma tante pour mériter sa colère? En lien avec ce qui est écrit plus haut, la Bible déclare :

> « Le cœur est tortueux par-dessus tout, et il est méchant : qui peut le connaître? » (Jérémie 17 :9)

Si Jacob avait connu l'état du cœur de son oncle avant son voyage, il ne se serait jamais réfugié chez lui. De plus, il est certain que sa mère ne savait pas qui était réellement son frère, sinon elle n'aurait pas proposé à son fils d'entreprendre ce voyage.

Or, la naissance de Joseph amena dans la vie de son père Jacob la délivrance des liens dans lesquels il était retenu. Cet homme, qui hier ne pouvait pas hausser la voix devant son oncle, fut libéré de la peur que celui-ci lui inspirait. Le voile qu'avait mis Laban sur le visage de Jacob se déchira.

Relisons attentivement ce que relate le passage suivant :

> « Lorsque Rachel eut enfanté Joseph, Jacob dit à Laban : Laisse-moi partir, pour que je m'en aille chez moi, dans mon pays. » (Genèse 30 :25)

Suite à la naissance de son fils Joseph, Jacob reprit tous ses sens. Il repassa dans sa tête le film de toutes les atrocités endurées à cause de son oncle pendant toutes ses années. La manipulation de Laban fut mise à nue.

Dans le même ordre d'idées, la naissance de Joseph fut pour Jacob semblable à celle de Jean-Baptiste pour son père (Luc 1 :57-64). Zacharie, le père de Jean-Baptiste, était muet. Ce dernier vit sa langue se délier huit jours après la naissance de son fils. Le mors qui retenait sa bouche fermée fut ôté par la puissance de Dieu pendant la cérémonie où le poupon reçoit son nom au huitième jour après sa naissance. En examinant le cas de ces deux patriarches, nous pouvons affirmer que la puissance de délivrance de l'Éternel se manifeste dans la vie de ses serviteurs lors de la venue au monde d'un enfant dans une famille. Dieu n'a point changé. Il est le même hier et aujourd'hui et restera le même demain. Ce qu'il a accompli avec Jacob et Zacharie, il peut aussi le réaliser dans nos vies.

5.2. « LAISSE-MOI PARTIR »

La déclaration de Jacob à son oncle : « Laisse-moi partir »,
démontre que Laban, le retenait captif. Cet homme retenait
prisonnier son neveu. Il avait réduit le fils de sa sœur à un
esclave. Laban était assis sur Jacob détenant ainsi sa liberté.
Laban devint l'homme fort dans la vie de son beau-fils. En
conséquence, le fils de Rebecca ne désirait plus servir son oncle.
Il était temps pour lui d'avancer dans la vie. Il en avait marre
d'être exploité par l'Araméen, qui l'utilisait pour son profit
et qui se servait de ses efforts pour prospérer. Cet homme ne
respectait pas son neveu. Il s'intéressait au gain à obtenir en
obligeant Jacob de travailler pour lui.

Voilà ce que certains de nos oncles représentent dans nos
familles. Ils abusent des enfants de leurs frères, dès que ceux-ci
viennent auprès d'eux chercher une aide ou demander un
conseil. Ces oncles se servent de l'ignorance de leurs neveux
pour contrôler leur vie. Ces Laban utilisent leurs puissances
pour s'asseoir sur la destinée de leurs Jacob et les retiennent
enchaînés pour les empêcher d'avancer.

De nos jours, beaucoup de gens souffrent de leur ignorance. Ils
ne savent pas que l'homme fort dans leur vie est cet oncle ou
cette tante qu'ils consultent régulièrement pour demander une
aide ou un conseil.

Le cri de Jacob : « Laisse-moi partir » est une expression de
combat. Elle est utilisée par ceux qui veulent sortir de la
fournaise dans laquelle ils ont été placés par leur bourreau; ceux
qui sont prêts à confronter les forces qui résistent à leur destinée;
ceux qui sont appelés à lutter contre les forces spirituelles; ceux
qui ne baissent pas les bras devant une situation difficile; ceux

qui ne déposent pas les armes avant que le combat soit fini; ceux qui savent qu'avec Dieu, ils feront des exploits.

Dans l'Ancien Testament, une expression semblable fut utilisée par Dieu pendant que le peuple d'Israël fut retenu captif par les Égyptiens. Dieu envoya Moïse auprès du Pharaon pour lui ordonner de laisser aller son peuple (Exode 7 :26). Bien-aimés, pour que l'homme fort assis sur votre vie vous laisse partir, vous devrez le confronter. La naissance de Joseph permit à Jacob de se saisir de ce besoin de confrontation. C'est ainsi qu'il décida de lutter pour sa vie et celle de sa famille.

5.3. « Donne-moi mes femmes et mes enfants »

Dans ce cas, Jacob ordonna à son oncle de lui donner ses femmes et ses enfants (Genèse 30 :26). Laban avait pris tout ce que Jacob possédait. Il avait englouti les biens de son neveu. Jacob était dépouillé et laissé à vide par son oncle. Même si Jacob avait des enfants, il n'avait aucun droit parental sur sa progéniture. Alors qu'il avait des femmes, il ne pouvait jouir de celles-ci. Son oncle avait rendu sa vie misérable. Tandis que Jacob travaillait, Laban était béni. Lisons au verset suivant, la déclaration de Laban à son neveu :

> « […] Ces filles sont mes filles, ces enfants sont mes enfants; ce troupeau est mon troupeau, et tout ce que tu vois est à moi. » (Genèse 31 :43b)

Laban s'était autoproclamé le propriétaire des biens de Jacob. Selon lui, tout ce qui appartenait à Jacob, lui revenait. Voilà une autre particularité identifiée chez certains de nos oncles. Ils se disent propriétaires des biens de leurs neveux. Ils confessent que ce que possèdent leurs neveux leur appartient. Ces oncles ne sont que des videurs et des dragons. Ils ont le ventre rempli de biens qui ne leur appartiennent pas. Leurs maisons sont remplies de fraude. Ils sont brillants d'embonpoint. Ils dépassent toute mesure dans le mal.

Bien-aimés, peut-être votre oncle détient votre mariage, ce qui explique pourquoi vous êtes encore célibataire. Ce méchant homme est probablement celui qui retient vos enfants ou votre ventre, ce qui explique pourquoi vous n'accouchez pas. Cet oncle est celui qui vous a vidé de tous vos potentiels physique, moral et spirituel. Même qu'il est possible que votre travail et vos finances soient retenus par cet oncle. Ne soyez point découragés, car Dieu vous donne espoir dans cette écriture :

> « Malheur à toi qui ravages, et qui n'a pas été ravagé! Qui pilles, et qu'on n'a pas encore pillé! Quand tu auras fini de ravager, tu seras ravagé. Quand tu auras achevé de piller, on te pillera. » (Ésaïe 33 :1)

Voici une des grandes promesses que Dieu nous présente dans sa parole. Ces oncles seront traités de la manière qu'ils vous ont traités. Après avoir achevé de piller et de ravager leurs neveux, à leur tour, ils seront pillés et ravagés. Ils ne resteront pas impunis de leur crime.

5.4.   QUI ÉTAIT RÉELLEMENT LABAN?

Laban, personnage mystique et mesquin, plein de rapine, ennemi du progrès, était l'oncle de Jacob ainsi que son beau-père. Par ailleurs, cet homme avait d'autres personnalités. Les différentes identités que porte Laban sont celles de *chef coutumier*, de dualiste et de serviteur d'images.

5.4.1. Laban était un chef coutumier

L'expression de *chef coutumier* se définit ainsi :

> « Chef désigné selon la coutume et veillant à ce que celle-ci soit respectée et appliquée, dans une société que régit le système de la chefferie. » (Le Petit Larousse illustré 2012, p. 282)

Laban avait insisté pour que les règles de la tradition, dont il était le chef, soient respectées.

> « Laban dit : Ce n'est point la coutume dans ce lieu de donner la cadette avant l'aînée. » (Genèse 29 :26)

Laban fit régir la coutume quand il donna Léa en mariage à Jacob, à la place de Rachel, la sœur cadette de Léa. Or, la parole de Dieu dénonce les rites :

> « Annulant ainsi la parole de Dieu par votre tradition […] » (Marc 7 :13a)

Suite à la lecture de ce verset, nous déduisons que la coutume et la parole de Dieu ne s'accordent pas du tout. Ainsi, ceux qui sont attachés au folklore s'éloignent totalement de l'Éternel. En conséquence, Jacob s'était marié dans une famille gouvernée par la tradition.

5.4.2. Laban était un dualiste

En outre, l'oncle de Jacob était partisan du dualisme. Ses pensées religieuses admettaient deux principes opposés.

Lisons ce que déclarent Laban et son père lorsque le serviteur d'Abraham vint demander Rebecca en mariage pour Isaac.

> « Laban et Bethuel répondirent, et dirent : C'est
> de l'Éternel que la chose vient; nous ne pouvons te
> parler ni en mal ni en bien. » (Genèse 24 :50)

Laban et son père affirment que la mission du serviteur d'Abraham venait de l'Éternel et qu'en retour, ils ne pouvaient pas s'y opposer. Par ailleurs, lisons à présent ce que déclare Laban, après la fuite de son neveu Jacob, relativement à leur rencontre à la montagne de Galaad.

> « Maintenant que tu es parti, parce que tu languissais
> après la maison de ton père, pourquoi as-tu dérobé
> mes dieux? Jacob répondit, et dit à Laban : J'avais de
> la crainte à la pensée que tu m'enlèverais peut-être tes
> filles. » (Genèse 31 :30-31)

En présence du serviteur d'Abraham et des membres de sa famille et à l'occasion du mariage de sa sœur, Laban fit allusion à l'Éternel. Par la suite quand il fut en conflit avec son neveu, Laban rechercha ses dieux. D'une part, cet homme reconnaissait la puissance de l'Éternel, d'autre part, il n'avait pas renoncé à la puissance de Satan.

5.4.3. Laban servait des images taillées

Reprenons ce passage lu précédemment :

> « Maintenant que tu es parti, parce que tu languissais
> après la maison de ton père, pourquoi as-tu dérobé
> mes dieux? » (Genèse 31 :30)

Laban accuse Jacob de la disparition de ses dieux. Or, de quels dieux parlait-il réellement?

> « Laban entra dans la tente de Jacob, dans la tente de Léa, dans la tente des deux servantes, et il ne trouva rien. Il sortit de la tente de Léa, et entra dans la tente de Rachel. Rachel avait pris les théraphim, les avait mis sous le bât du chameau, et s'était assise dessus. Laban fouilla toute la tente, et ne trouva rien. » (Genèse 31 :33-34)

Les dieux dont fait allusion Laban étaient des *théraphim*, définis ainsi :

> « A) Images. Dieu de la famille employé pour garder et guider la maison ainsi que les affaires familiales. B) Habituellement, une statue ou une figurine. Juges 17 :5 et 18 :4, 17-18; Osée 3 :4 » (Price, 2006, p. 555)

Il nous paraît évident que Laban était un serviteur de Satan. L'oncle de Jacob adorait les dieux étrangers. Par conséquent, l'esprit de ces théraphim habitait son corps (1 Corinthiens 6 :16-19). C'est cet esprit qui endurcissait le cœur de Laban contre Jacob afin qu'il rende son neveu misérable.

Parallèlement, c'est le même scénario qui eut lieu avec Judas Iscariot. En effet, quand le diable entra en Judas, il alla s'entendre avec les principaux sacrificateurs sur la manière de leur livrer le Seigneur Jésus (Luc 22 :2-4).

5.5. COMMENT MENER CETTE CONFRONTATION?

La Bible nous recommande de ne pas combattre contre la *chair* et le sang, c'est-à-dire contre les êtres humains (Éphésiens 6 :12). La lutte de Jacob ne devait pas être menée contre Laban, son oncle. En le confrontant, il luttait contre la *chair* et le sang. Le plus souvent, les hommes agissent dans le style de Jacob. Du moment où ceux-ci savent que tel oncle ou telle tante est responsable de mauvaises situations dans leur vie ou dans la famille, ils vont physiquement les confronter. Ce genre de confrontation se produit par les œuvres de la *chair*.

Ce même verset d'Éphésiens 6 :12 nous prescrit que notre lutte doit être focalisée davantage contre les dominations, contre les autorités, contre les princes de ce monde de ténèbres et contre les esprits méchants dans les lieux célestes. Quoi qu'on en dise, Jacob devait confronter les esprits qui habitaient son oncle et non son oncle lui-même. Ces dominations et ces autorités dont la Bible fait référence sont des esprits qui ont la capacité d'entrer dans le corps d'un individu, de l'utiliser et de sortir de ce corps une fois leur mission accomplie.

Dans le Nouveau Testament, Jésus réprimanda sévèrement Pierre et lui répliqua :

> « […] Arrière de moi Satan! Car tu ne conçois pas les choses de Dieu, tu n'as que des pensées humaines. »
> (Marc 8 :33b)

Jésus confronta l'ennemi qui se trouvait au-dedans de Pierre. Cet esprit qui était entré dans Pierre se servait de ses pensées pour que le Seigneur se détourne de sa mission.

Bien-aimés, résistez par la prière à l'esprit qui anime votre oncle ou votre tante à œuvrer contre vous. Une fois cet esprit anéanti, la main de cette personne ne pourra plus vous détruire. Le Dieu, qui a menacé Laban au sujet de Jacob (Genèse 31 :24) n'a point changé. Il en fera autant à votre sujet. L'Éternel amènera son jugement entre votre oncle et vous. Il renversera les dieux de la maison de ce membre de votre famille et enlèvera leur joug de votre cou. En définitive, je vous invite, au travers de cette session de prières, à vous lever et à confronter le mauvais esprit qui habite cet oncle ou cette tante. Sinon, ils vous garderont toujours en captivité. Dieu vous permet de comprendre ces explications pour que vous soyez délivrés de la main des dieux que serve votre oncle ou votre tante. Il fallut vingt années à Jacob pour le comprendre. N'attendez pas si longtemps. Aujourd'hui, Dieu vous libérera.

5.6.   SECTION DE PRIÈRES

1.   Ange de l'Éternel, poursuis l'esprit malin de mon oncle, qui court après moi, au nom de Jésus.

2.   Esprit de sorcellerie de mon oncle et ma tante me poursuivant, tombez et soyez brisé, au nom de Jésus.

3.   Marteau divin, brise les images taillées et les objets occultes se trouvant dans les maisons de mes oncles et de mes tantes, au nom de Jésus.

4.   Tout objet maléfique, pris de la maison de mon oncle ou de ma tante pour être placé dans ma maison, reçoit ta destruction, au nom de Jésus.

5.   Éternel, détruis les dieux étrangers de mes oncles introduits dans ma maison, au nom de Jésus.

6.   Esprit malin, habitant le corps de mon oncle et s'opposant à mon mariage, à mes finances ainsi qu'à mon progrès, sois jeté comme une pierre dans la mer, au nom de Jésus.

7. Je détruis les mauvaises pensées du cœur de ma tante qui désire séduire mon mari, au nom de Jésus.

8. Je détruis les mauvaises pensées du cœur de mon oncle qui désire séduire ma femme, au nom de Jésus.

9. Char de feu divin, sépare mon oncle de ses dieux étrangers, au nom de Jésus.

10. Par la puissance dans le nom de Jésus je déclare : « Les bouches de mes oncles ou de mes tantes ne parleront ni en bien ni en mal de moi, au nom de Jésus. »

11. Éternel, au nom de Jésus, renverse les pouvoirs qui :

    - endurcissent le cœur de mes oncles contre moi;
    - empêchent mes oncles de me laisser partir;
    - excitent mes oncles à lever la main contre moi;
    - fortifient les bras de mes oncles.

12. Par la parole de Dieu, j'annule la coutume de mes ancêtres ainsi que ses œuvres dans ma vie, au nom de Jésus.

13. Qu'il y ait une guerre dans ma famille entre les anges de Dieu et les esprits de la coutume, au nom de Jésus.

14. Je détruis les lois de la coutume appliquées dans ma famille par mes oncles, au nom de Jésus.

15. Je pille et je ravage les esprits malins habitant mon oncle, au nom de Jésus.

16. Éternel, fais tomber les malheurs sur les dieux étrangers que servent mes oncles et mes tantes, au nom de Jésus.

17. Pieds de l'esprit de sorcellerie, habitant le corps de mon oncle, soyez ôtés de mes finances, au nom de Jésus.

18. Main de l'esprit de sorcellerie, habitant le corps de mon oncle et retenant mon ventre, sèche-toi et sois coupée, au nom de Jésus.

19. Esprit de sorcellerie, habitant le corps de mon oncle, laisse-moi partir, au nom de Jésus.

20. Éternel, empêche les pouvoirs maléfiques de mes oncles de m'affliger, au nom de Jésus.

21. Éternel, provoque un grand tremblement de terre, fais en sorte que les objets maléfiques enterrés dans la cour de mes oncles soient ébranlés, au nom de Jésus.

22. Tout démon, obstiné à prendre ce qui m'appartient pour les donner à mes oncles, sois transformé en sel, au nom de Jésus.

23. Éternel, vois tout ce que me font mes oncles, au nom de Jésus.

24. Mon âme, lève-toi et sors de la maison de mon oncle, au nom de Jésus.

25. Je sors de la maison de mon oncle avec tout ce qui m'appartient, au nom de Jésus.

26. Ange de l'Éternel, apparais la nuit en songe à mon oncle et ordonne-lui de me laisser partir et de me donner ce qui m'appartient, au nom de Jésus.

27. Que la force dans la main de mon oncle, soit rendue impuissante, au nom de Jésus.

28. Que les dieux de mes oncles, désirant me renvoyer à vide, périssent, au nom de Jésus.

29. Tout oncle, fouillant ma vie et mes effets, ne trouvera rien, au nom de Jésus.

30. Esprits familiers de mon oncle, qui volent ce qui m'appartient pendant le jour, soyez dévorés par la chaleur, au nom de Jésus.

31. Esprits familiers de mon oncle, qui volent ce qui m'appartient pendant la nuit, soyez dévorés par le froid, au nom de Jésus.

32. Éternel, prononce ton jugement entre mes oncles et moi, au nom de Jésus.

33. Tout oncle confessant que ma femme, mes enfants et mes biens sont à lui, je lie les paroles de ta bouche, au nom de Jésus.

34. Je brise les alliances maléfiques existant entre mes oncles et moi, au nom de Jésus.

35. Toute pierre maléfique, utilisée dans une alliance entre moi et mes oncles, sois broyée par les eaux, au nom de Jésus.

36. Tout repas, ayant servi d'alliance maléfique entre mes oncles et moi, sois expulsé de mon estomac, au nom de Jésus.

37. Que les dieux étrangers, veillant sur mes oncles, soient dévorés par des bêtes féroces, au nom de Jésus.

38. Par le sang de Jésus, j'annule les bénédictions prononcées sur moi par les oncles servant des dieux étrangers, au nom de Jésus.

39. Noms des dieux invoqués par mes oncles, soyez effacés par le sang de Jésus, au nom de Jésus.

40. Vases de terre, dans la maison de mon oncle, contenant mes propriétés, soyez brisés, au nom de Jésus.

41. Éternel, réduis au néant le conseil de la sorcellerie de mes oncles, au nom de Jésus.

42. Éternel, anéantis en ma faveur le conseil de la sorcellerie de mes tantes, au nom de Jésus.

43. Maisons des dieux de mes oncles, soyez démolies, au nom de Jésus.

44. Toute pierre ou tout objet maléfique, suspendu dans la maison de mon oncle, tombe et sois brisé, au nom de Jésus.

45. Idole de la maison de mon oncle, tombe et ne te relève plus, au nom de Jésus.

46. Lion de la tribu de Juda, poursuis les esprits envoyés contre moi par mes oncles, au nom de Jésus.

Chapitre VI

LES ACCIDENTS CAUSÉS PAR LE MONDE SPIRITUEL (PARTIE 1)

L e sujet sur les accidents causés par le monde spirituel comporte deux chapitres.

6.1. LES DÉPLACEMENTS D'HIER À AUJOURD'HUI

> « Ce qui a été, c'est ce qui sera, et ce qui s'est fait, c'est ce qui se fera, il n'y a rien de nouveau sous le soleil. » (Ecclésiaste 1 :9)

Ce passage mentionne clairement que ce que nous vivons de nos jours a déjà eu lieu dans le passé. Dans le même ordre d'idées, les accidents, que nous voyons en ce moment, sont arrivés dans le passé. Les forces, qui provoquaient ces accidents hier, sont celles qui se manifestent aujourd'hui et seront celles de demain.

Bien-aimés, rien n'est nouveau sous le soleil. La technologie et la science n'existaient pas dans l'ancien temps. Malgré tout, les hommes se déplaçaient dans les airs, sous les eaux et sur la terre, tels que le démontrent les exemples suivants :

- Dans les Airs : Avant notre époque, les hommes voyageaient déjà dans les airs, ceci fut le cas de Philippe. Dès qu'il sortit des eaux du baptême, l'Esprit de Dieu le transporta du désert jusqu'à Azote (Actes 8 :39-40). De nos jours, il n'est donc pas étonnant de voir les hommes voyager par avions. Et encore, Élie monta au ciel dans un tourbillon causé par des chars et des chevaux de feu. De cette ascension vient le principe du lancement des fusées dans l'espace (2 Rois 2 :11).

- Sous les eaux : De même, Jonas fit un voyage sous les eaux dans le ventre d'un poisson, bien qu'il n'y ait pas de sous-marins en marche à cette époque. Les mariniers prirent Jonas, et le jetèrent dans la mer. L'Éternel fit venir un grand poisson qui engloutit Jonas et le vomit trois jours plus tard sur la terre (Jonas 2 :1 et 11).

- Sur la terre : Les chameaux qui amenèrent Rebecca de la Mésopotamie à Canaan (Genèse 24 :61), les ânes sur lesquels étaient montés les frères de Joseph pour se rendre en Égypte (Genèse 42 :25-26) ainsi que les chars et les chevaux qu'utilisait le Pharaon pour chasser les enfants d'Israël (Exode 14 :9) sont tous des symboles de moyens de déplacement que nous utilisons de nos jours. Ces animaux ont participé au déplacement des humains d'un lieu à un autre. Les chariots, tirés par les chevaux à l'époque, sont les modèles de train que nous avons à présent. Les chameaux sont les autobus que nous utilisons. À cause de sa rapidité et de son courage, le cheval symbolise nos voitures de sport.

Alors que des animaux exerçaient leur service auprès des hommes, ils se sont retrouvés dans des accidents causés par des forces spirituelles. De nos jours, ces phénomènes se produisent toujours. Le taux de mortalité causé par des accidents de la route est très élevé. Il ne se passe pas une semaine où les médias ne parlent pas d'accident de la route. Les mesures de sécurité prises par les autorités n'ont guère réduit le taux de tamponnement dans nos villes. Vous trouverez des détenteurs de permis de conduire qui ne veulent plus conduire parce qu'ils ont peur des dangers de la route, tandis que d'autres se retrouvent accidentés presque chaque mois. Si les hommes de ce monde comprenaient que les forces du monde spirituel causent ces calamités, je crois que nous aurions moins de décès sur les routes. Allons dès à présent dans les Saintes Écritures pour constater comment les tragédies ont eu lieu au temps des évangiles.

6.2. LE DÉSORDRE CAUSÉ PAR DIEU DANS LE CAMP DES ÉGYPTIENS

> « À la veille du matin, l'Éternel, de la colonne de feu et de nuée, regarda le camp des Égyptiens, et mit en désordre le camp des Égyptiens. Il ôta les roues de leurs chars et en rendit la marche difficile. Les Égyptiens dirent alors : Fuyons devant Israël, car l'Éternel combat pour lui contre les Égyptiens. » (Exode 14 :24-25)

Toute la nuit, les Égyptiens ont été aux trousses des enfants d'Israël avec leurs chevaux et leurs chars, se rapprochant d'eux alors qu'ils faisaient leur entrée dans la mer Rouge. À la veille du matin, la Bible déclare que l'Éternel de la colonne de feu et de nuée mit en désordre leur camp en ôtant les roues de leurs chars. Pendant que les Égyptiens couraient après les enfants d'Israël, ils ne voyaient pas la colonne de feu et de nuée qui était entre les deux camps. Dieu opérait sous forme de colonne de feu dans le plan spirituel. Cependant, les Égyptiens roulaient à vive allure sur leurs chars. Plus tard, ils virent les roues de leurs chars se démembrer les unes des autres. Dieu empêcha leur avancement.

Bien-aimés, pendant que vous circulez dans votre véhicule dans le monde physique, des esprits dans le monde spirituel vous observent de la même façon que Dieu regarda le camp des Égyptiens. Savez-vous que les esprits dans le monde spirituel ont la capacité de toucher les objets qui se trouvent dans le monde physique au point de les déplacer ou de les rouler? Dieu dans le plan spirituel était capable de toucher les roues des chars et de les ôter. Voici ce qui a lieu à l'instant où les démons veulent causer des accidents. Pendant qu'un véhicule se déplace, ces méchants esprits ôteront une des roues, débrancheront la batterie, déconnecteront les câbles électriques, ou encore, ils dévisseront une pièce mécanique. C'est pour cela qu'il est important pour chaque conducteur d'observer un moment de prière sur les roues et sur les parties mécaniques de son véhicule avant de le conduire.

6.3.   Un serpent sur le chemin

> « Dan sera un serpent sur le chemin, une vipère sur le sentier. Mordant les talons du cheval, pour que le cavalier tombe à la renverse. » (Genèse 49 :17)

Ce passage relate une prophétie prononcée par Jacob sur son fils, Dan, ainsi que sur sa progéniture. Plus tard, Moïse reprit cette prophétie sur la tribu des Danites :

> « Sur Dan il dit : Dan est un jeune lion, qui s'élance de Basan. » (Deutéronome 33 :22)

De ces deux prophéties concernant la tribu de Dan, Dieu annonçait qu'il ferait sortir de cette tribu des héros pour délivrer le peuple d'Israël de la main de leurs ennemis. L'arrivée du célèbre Samson confirma ces prophéties (Juges 13 :2-5). Aucune mesure de sécurité, établie par les hommes, autre que la prière, ne peut empêcher un accident causé par des démons. Ces accidents sont causés par des forces qui opèrent dans le monde spirituel. Ces puissances ont la capacité de voir leurs victimes tandis que celles-ci ignorent leur présence. Dans Genèse 49 :17, cité au début de ce chapitre, l'Éternel expose les activités du monde des ténèbres tenues contre les hommes sur leur trajectoire. Le serpent placé sur le sentier, pour causer l'accident, devait mordre le cheval de manière qu'en tombant, il renverse le cavalier.

Voici comment opèrent les agents de Satan pour créer des accidents. Ils jettent des objets occultes, par exemple; du bois, des ossements ou des pierres, sur la voie de leurs victimes. Dès que ces proies croisent l'objet occulte, le démon qui y est attaché causera une crevaison qui provoquera par la suite un accident. C'est pourquoi vous devez toujours prier sur le chemin sur lequel vous désirez passer, à l'aller comme au retour. Ceci s'adresse tant aux conducteurs qu'aux piétons. Des serpents, placés sur le chemin, attendront votre passage pour vous mordre.

6.4.   LES ARRÊTS CARDIAQUES

Plusieurs perdent la vie au volant de leur véhicule, sans avoir été victimes d'un accident de la route. C'est très fréquent dans notre société. Les causes des décès ne sont pas toujours décelées. La médecine moderne diagnostique donc souvent un arrêt cardiaque.

Lisons ce qui arriva au roi Achab :

> « Alors un homme tira de son arc au hasard, et
> frappa le roi d'Israël au défaut de la cuirasse. Le roi
> dit à celui qui dirigeait son char : Tourne et fais-moi
> sortir du champ de bataille, car je suis blessé. Le
> combat fut acharné ce jour-là. Le roi fut retenu dans
> son char en face des Syriens, et il mourut le soir. Le
> sang de la blessure coula dans l'intérieur du char. » (1
> Rois 22 :34-35)

Trois éléments importants doivent être tirés de ces deux
versets bibliques. Premièrement, une flèche est venue de
l'extérieur et a frappé le roi pendant qu'il se trouvait dans son
char. Deuxièmement, le roi d'Israël se trouva bloqué dans son
véhicule à cause de l'intensité du combat. Troisièmement, le roi
mourut pendant qu'il était à l'intérieur de son char.

Ceci dit, quand vous entrez dans votre véhicule, brisez les
flèches qui volent dans les airs avant de le démarrer. Couvrez les
vitres de votre véhicule avec le sang de Jésus pour que les flèches
n'y pénètrent pas. Demandez au Saint-Esprit de verrouiller les
portes de votre véhicule de sorte que vous ayez la facilité de les
ouvrir et de sortir en cas de problème.

> « Tu ne craindras ni les terreurs de la nuit, ni la flèche
> qui vole de jour. » (Psaumes 91 :5)

Dans ce verset biblique, il est question des flèches qui volent
dans la journée et qui ne sont point visibles à l'œil nu. Ces
flèches, du monde de ténèbres, sont lancées à travers le vent,
le soleil et la lune par les serviteurs de Lucifer. Ces flèches sont
des démons qui volent dans l'air pour détruire. Ils sont ceux qui
causent la mort des conducteurs dans leur véhicule. Par leur
puissance, ils ont la capacité de retenir bloquées les portes des

véhicules de sorte que les conducteurs ne puissent pas se sauver lors d'un accident. Dans l'État de Virginie, situé au nord-est des États-Unis, un homme était en train de conduire lorsqu'un arbre tomba sur sa voiture. Il mourut sur le coup.

6.5.   LES NAUFRAGES

> « Mais l'Éternel fit souffler sur la mer un vent impétueux, et il se leva sur la mer une grande tempête. Le navire menaçait de faire naufrage. » (Jonas 1 :4)

Tantôt des naufrages sont provoqués par les mauvaises conditions météorologiques, tantôt ils peuvent être causés par les forces spirituelles. Certains hommes, qui voyageaient par bateaux, ont été portés disparus et n'ont jamais été retrouvés à cause des puissances de ténèbres, comme nous le démontre le cas de Jonas. L'Éternel causa la tempête qui s'éleva contre le navire où se trouvait Jonas. Par contre, dans la barque où dormait Jésus, le grand tourbillon qui se leva contre les disciples était une œuvre du monstre de la mer (Marc 4 :37-39). Dans le Psaumes 74 :13, le roi David glorifie l'Éternel, car il a brisé les têtes des monstres sur les eaux.

Il est vrai que les accidents, causés par les démons, peuvent affecter tous les systèmes de transport : les voies terrestres et maritimes, ainsi que les voies aériennes et ferroviaires. Bien-aimés, lorsque vous voyagez par bateau, priez pour que le souffle de la bouche des forces marines n'élève pas des eaux une tempête contre vous.

6.6. Les accidents causés par les animaux

> « Si un bœuf frappe de ses cornes un homme ou une
> femme, et que la mort en soit la suite, le bœuf sera
> lapidé, sa chair ne sera point mangée, et le maître du
> bœuf ne sera point puni. » (Exode 21 :28)

De temps à autre, le monde des ténèbres utilise des animaux pour
causer des accidents. Un bœuf, un buffle ou un lion pourraient
s'attaquer à un individu pendant que celui-ci est en train de
marcher ou rouler à bicyclette. Dieu donna à Moïse les lois
concernant les animaux qui devaient être présentées au peuple.
L'Éternel prononça le jugement à apporter contre un bœuf, s'il se
servait de ses cornes pour frapper une personne. Nous constatons
donc que les accidents qui impliquent les êtres humains et les
animaux avaient déjà été prévus dans le calendrier de Dieu.
Souvent, les personnes, qui habitent les zones rurales et les zones
d'élevages, sont heurtées par des animaux. Parfois, ces accidents
proviennent de sources qui ne sont pas naturelles.

> « Aaron étendit sa main sur les eaux de l'Égypte;
> et les grenouilles montèrent et couvrirent le pays
> d'Égypte. Mais les magiciens en firent autant par
> leurs enchantements. Ils firent monter les grenouilles
> sur le pays d'Égypte. » (Exode 8 :2-3)

Les grenouilles, qui montèrent des eaux d'Égypte, allèrent
perturber les Égyptiens dans leur maison, dans la rue et partout
où ils se trouvaient. Leur présence sur le territoire Égyptien
était surnaturelle. Parmi ces grenouilles se trouvaient celles que
fit apparaître l'Éternel et celles que firent *monter* les magiciens.
Il existe aussi des animaux sur terre qui ne sont pas de vrais
animaux. Certains sont des esprits qui ont quitté les eaux pour

la terre et qui prennent la forme d'animaux dans le but de causer des accidents. Cette pratique utilisée par le monde des ténèbres permet à ces agents de causer la mort de leurs victimes sans attirer aucun soupçon sur eux.

En conclusion, les sections de prières qui suivent vous permettront de mettre fin aux activités des forces spirituelles à travers les accidents. Ces prières vous aideront à confondre Satan et son royaume en envoyant contre eux le jour du malheur.

6.7. Section de prières

1. Les accidents qui ont eu lieu hier n'auront pas lieu dans ma vie, au nom de Jésus.
2. Les accidents, qui ont lieu aujourd'hui, n'auront pas lieu dans ma vie, au nom de Jésus.
3. Tout serpent, sur mon chemin, sois écrasé, au nom de Jésus.
4. Toute vipère sur mon sentier, programmée contre les roues de mon véhicule, j'écrase ta tête, au nom de Jésus.
5. Éternel, détruis par la chaleur du soleil les objets maléfiques jetés sur mon chemin pour causer des accidents, au nom de Jésus.
6. J'arrache les yeux des esprits malins m'observant pendant que je conduis, au nom de Jésus.
7. Tout démon, s'obstinant à mettre en désordre les véhicules qui sont au carrefour, sois battu de verge, au nom de Jésus.
8. Ô Éternel, combats pour moi contre les forces spirituelles pendant que je conduis, au nom de Jésus.
9. Ange de Satan venu ôter les roues de mon véhicule pendant que je conduis, sois exposé au fouet, au nom de Jésus.

10. Éternel, mets en fuite les esprits qui veulent rendre ma conduite difficile, au nom de Jésus.

11. Les cours d'eau de ce pays ne couvriront pas mon véhicule, au nom de Jésus.

12. J'ordonne à toute main astrale tendue contre moi pendant que je conduis d'être séchée, au nom de Jésus.

13. J'ordonne aux mains astrales tendues vers la mer de ce pays, pendant que je conduis, d'être couvertes de lèpre blanche, au nom de Jésus.

14. Tout véhicule, s'approchant de moi pour causer un accident, sois éloigné par la puissance de Dieu, au nom de Jésus.

15. Je brise les malédictions de vaudou et de sorcellerie jetées sur mon véhicule, au nom de Jésus.

16. Flèche de la mort par accident lancée à travers le soleil, la lune et le vent, pendant que je suis au volant de mon véhicule, sois brisée, au nom de Jésus.

17. Toute flèche volant de jour ou de nuit, pendant que je conduis, retourne d'où tu es venue, au nom de Jésus.

18. Mon sang ne sera pas répandu dans un véhicule, au nom de Jésus.

19. Que les puissances des ténèbres, qui désirent me voir mourir au volant de mon véhicule, soient pendues, au nom de Jésus.

20. Puissance de Satan, cherchant à me retenir enfermé dans mon véhicule au moment où je fais face au danger, recule et tombe, au nom de Jésus.

21. Éternel, fais-moi sortir des accidents programmés contre moi par le royaume des ténèbres, au nom de Jésus.

22. Ô Éternel, pendant que je conduis, dirige mon véhicule, au nom de Jésus.

23. Vent impétueux, soufflé sur la mer par les forces des ténèbres pendant que je voyage, sois dévié par la puissance de Dieu, au nom de Jésus.

24. Ô Éternel, apaise les tempêtes qui se lèvent sur la mer pendant que je voyage en bateau, au nom de Jésus.

25. Tête du monstre de la mer, menaçant couler mon embarcation, sois brisée, au nom de Jésus.

26. Éternel, rends légère l'embarcation dans laquelle je voyage sur les eaux, au nom de Jésus.

27. Mes effets, qui se trouvent dans ce bateau, ne seront pas jetés à l'eau, au nom de Jésus.

28. Toute puissance, attirant contre moi les malheurs pendant que je voyage en bateau, sois mordue par les scorpions, au nom de Jésus.

29. Tout véhicule, venant des eaux et circulant dans les rues, sois détruit par le vent d'Orient, au nom de Jésus.

30. Tout esprit sous forme humaine, conduisant dans cette ville, sois maudit et sois jeté dans le feu éternel, au nom de Jésus.

31. Feu divin, descends des cieux et brûle les forces maléfiques autour de mon véhicule, au nom de Jésus.

32. Feu divin, descends des cieux et brûle les protections maléfiques qui sont dans les véhicules de mes ennemis, au nom de Jésus.

33. Démon de feu et d'incendie, envoyé pour brûler mon véhicule, sois combattu par l'Ange de l'Éternel, au nom de Jésus.

34. Éternel, délivre mon véhicule de toute captivité satanique, au nom de Jésus.

35. Tout bœuf, sortant d'un cours d'eau pour me confronter sur la route, sois lapidé, au nom de Jésus.

36. Je brise les cornes des bœufs de la sorcellerie sortis des forêts pour me frapper, au nom de Jésus.

37. Tout esprit, qui envahit le corps d'un animal et qui s'en sert pour causer des accidents, sois plongé dans la boue, au nom de Jésus.

38. Je consume les os des bœufs maléfiques qui marchent contre moi, au nom de Jésus.

39. Éternel, perce de tes traits la tête des bœufs qui se précipitent comme la tempête pour me disperser, au nom de Jésus.

40. Il n'y aura plus d'apparitions de bœufs sur mon chemin, au nom de Jésus.

6.8. SECTION DE PRIÈRES À FAIRE SUITE À L'ACHAT OU LORS DE L'EMPRUNT D'UN VÉHICULE D'OCCASION

1. Confessez :

   « À tes résolutions répondra le succès; sur tes sentiers brillera la lumière. » (Job 22 :28)

2. Par le sang de Jésus, j'efface les péchés commis dans ce véhicule, au nom de Jésus.

3. Par le sang de Jésus, j'annule les bains maléfiques qui ont été faits pour purifier ce véhicule, au nom de Jésus.

4. Je déclare que le sang des hommes, qui a coulé dans ce véhicule, ne retombera pas sur ma tête, au nom de Jésus.

5. Je déclare que ce véhicule ne sera pas un instrument de destruction entre les mains de Satan, au nom de Jésus.

6. Je me sépare de toute activité démoniaque dans laquelle ce véhicule a été impliqué, au nom de Jésus.

7. Par le sang de Jésus, je détruis l'odeur de la mort restée dans ce véhicule pour avoir transporté une personne décédée, au nom de Jésus.

8. Je lie tout démon attaché à ce véhicule qui a *(choisir de la liste ci-dessous)*, au nom de Jésus.

   - transporté des membres de groupes occultes;
   - servi au braquage de banques;

- porté des signes et des images occultes;
- tué un individu accidentellement;
- été la propriété d'une personne appartenant à une société secrète;
- été volé;
- été un sujet de conflit entre un concessionnaire et l'acheteur;
- eu des pannes chroniques.

9. Je rejette tous les problèmes que ce véhicule a causés à ses anciens propriétaires, au nom de Jésus.
10. Par le sang de Jésus, je détruis la protection maléfique qui a été utilisée sur ce véhicule, au nom de Jésus.

Notez bien : en terminant les prières, vous devez oindre votre véhicule avec de l'huile d'onction comme le fit Jacob sur la pierre qu'il prit pour chevet (Genèse 28 :18).

11. Par la puissance du Saint-Esprit manifestée dans cette huile d'onction *(choisir de la liste ci-dessous)*, au nom de Jésus.

- je sanctifie ce véhicule, au nom du Père, du Fils, et du Saint-Esprit;
- je sépare ce véhicule de toute pollution et de toute impureté;
- j'oins les roues, le moteur, les connexions, le câble, les vitres, les portes, les phares, les rétroviseurs, les sièges, le volant et les freins de ce véhicule. - *Joindre l'action à la parole en appliquant l'huile sur toutes les parties que vous avez citées.*

Glorifier l'Éternel une fois que vous avez terminé les prières.

CHAPITRE VII

LES ACCIDENTS CAUSÉS PAR LE MONDE SPIRITUEL (PARTIE 2)

Dans ce second chapitre sur les accidents causés par le monde spirituel, nous allons étudier le cas du prophète Balaam, le fils de Beor. Nous regarderons plus précisément ce qui lui arriva durant son voyage vers le pays de Moab. L'Éternel des armées aimerait, par l'histoire de ce prophète, nous faire comprendre les mystères cachés et les armes qu'utilise l'ennemi pour nous cribler. Bien-aimés, saisissez l'opportunité que Dieu vous donne à travers cette révélation pour vous affranchir des ténèbres.

Pendant qu'ils sont au volant de leur véhicule, les conducteurs sont souvent confrontés à des situations difficiles, mystérieuses et parfois inexplicables. Le fait de conduire depuis plusieurs années ne met personne à l'abri des accidents causés par le monde spirituel. Seule la puissance de Dieu sera capable de vous protéger contre ces accidents.

7.1. Départ de Balaam

> « Balaam se leva le matin, sella son ânesse, et partit avec les chefs de Moab. La colère de Dieu s'enflamma,

parce qu'il était parti; et un ange de l'Éternel se plaça
sur le chemin pour lui résister. Balaam était monté
sur son ânesse, et ses deux serviteurs étaient avec lui.
L'ânesse vit l'ange de l'Éternel qui se tenait sur le
chemin, son épée nue dans la main; elle se détourna
du chemin et alla dans les champs. Balaam frappa
l'ânesse pour la ramener dans le chemin. L'ange de
l'Éternel se plaça dans un sentier entre les vignes; il
y avait un mur de chaque côté. L'ânesse vit l'ange
de l'Éternel; elle se serra contre le mur, et pressa le
pied de Balaam contre le mur. Balaam la frappa de
nouveau. L'ange de l'Éternel passa plus loin, et se
plaça dans un lieu où il n'y avait point d'espace pour
se détourner à droite ou à gauche. L'ânesse vit l'ange
de l'Éternel et elle s'abattit sous Balaam. La colère
de Balaam s'enflamma, et il frappa l'ânesse avec un
bâton. » (Nombres 22 :21-27)

Dans cette histoire, Balaam se leva le matin, sella son ânesse et
partit avec les chefs de Moab (Nombres 22 :21). L'attitude de
Balaam ressemble à celle de certains conducteurs. Avant de se
mettre en route, ceux-ci vérifient le niveau d'huile, regardent le
niveau d'eau dans le réservoir, contrôlent l'air dans les pneus et
chauffent le moteur. Cette routine s'observe chez la plupart des
détenteurs de véhicules. C'est pour cela qu'il est écrit :

« Balaam se leva le matin, sella son ânesse [...] »
(Nombres 22 :21a)

Toutefois, avant son départ, Balaam avait omis de prier. Cet
homme n'avait point remis son voyage entre les mains de Dieu.
Il n'avait ni prié pour son ânesse ni pour ceux qui voyageaient
avec lui. Plusieurs commettent la même erreur que ce prophète.

Quand ils se lèvent, ils prennent leur douche, s'habillent rapidement et se précipitent dans leur véhicule pour se rendre au travail. Pourtant, ils sont dans l'erreur. Ils ne comprennent pas la parole de Dieu et ne connaissent pas sa puissance.

> « Pendant le jour le soleil ne te frappera point, ni la lune pendant la nuit. » (Psaumes 121 :6)

Cette écriture prouve que les attaques du monde des ténèbres peuvent être lancées contre un conducteur le jour, à travers le soleil, ainsi que la nuit, à travers la lune.

7.2.   LA COLÈRE DE DIEU

Dans cette section, nous observerons les conséquences de la colère de Dieu à travers différentes parties de versets.

> « La colère de Dieu s'enflamma, parce qu'il était parti. » (Nombres 22 :22a)

Dieu fut offensé par le départ de Balaam avec les princes de Moab. Ce voyage irrita le Seigneur et le mit en colère. La *colère* se définit comme étant :

> « Un état affectif violent et passager résultant d'un sentiment d'avoir été agressé ou offensé. » (Le Petit Larousse illustré 2012, p. 232)

En outre, Balaam, ignorait qu'il se créait des ennuis et que son départ irritait Dieu. Bien-aimés, la colère indique la présence d'un esprit ou un démon qui, lorsqu'il habite un individu, le met dans cet état. La colère de Dieu s'enflamma contre Balaam parce qu'il n'approuvait pas la décision de ce prophète de voyager avec les princes de Moab. Savez-vous, bien-aimés, que des esprits dans le monde spirituel peuvent se mettre en colère contre vous à cause d'une décision que vous avez prise, et ce, sans que vous en soyez informés? Vous pouvez décider d'entamer certains projets tels qu'acheter une maison, voyager ou vous marier. C'est pourquoi, avant d'entreprendre quoi que se soit, vous devez vous hâter de prier contre la colère des forces qui s'irriteront contre vous dans le monde spirituel.

> « [...] et l'ange de l'Éternel se plaça sur le chemin
> pour lui résister. » (Nombres 22 :22b)

La colère de Dieu, contre Balaam, augmenta au point où il dépêcha son ange sur le chemin du prophète pour lui résister. L'ange s'était placé au-devant de la route sur laquelle voyageait le prophète pour l'empêcher d'effectuer ce trajet. Cet ange opérait dans le plan spirituel et non dans le plan physique, car les anges n'ont pas de corps matériel.

> « L'ânesse vit l'ange de l'Éternel qui se tenait sur le
> chemin, son épée nue dans la main; elle se détourna
> du chemin et alla dans les champs. Balaam frappa
> l'ânesse pour la ramener dans le chemin. » (Nombres
> 22 :23)

Ensuite, l'ânesse, qui portait Balaam, aperçut l'ange qui était devant elle l'épée nue à la main. Dieu avait ouvert les yeux de l'ânesse par rapport à ce qui se passait dans le monde spirituel dont l'existence est bien réelle. Bien-aimés, ce qui a lieu dans ce monde peut bien affecter la vie d'un individu dans le monde physique. Balaam, qui était monté sur l'ânesse dans le plan physique, ignorait ce qui avait lieu dans le monde spirituel. Avant la présence de l'ange de l'Éternel, c'était le prophète qui dirigeait l'ânesse. Cet animal évoluait selon les directives de son maître. Tout allait bien entre Balaam et son ânesse jusqu'au moment où l'ange apparut sur le chemin. Le contrôle de l'ânesse changea de mains. Le monde spirituel avait pris le dessus.

« […] Balaam frappa l'ânesse pour la ramener dans le chemin. » (Nombres 22 :23c)

Dès que les yeux de l'ânesse s'ouvrirent et qu'elle vit l'ange placé aux abords du chemin, elle se détourna des ordres de son maître en prenant la direction des champs. Balaam la frappa pour tenter de la réintégrer sur le chemin.

À ce point, le prophète Balaam fut victime d'un accident, sans savoir ce qui se passait dans le monde spirituel. L'ânesse sur laquelle était l'invité du roi se serra contre le mur au point où les pieds de son maître prirent un coup (Nombres 22 :25). Le fait que l'ânesse se détourna de son chemin initial pour la brousse démontre que les forces qui opèrent dans le monde spirituel ont une grande influence sur les objets, les animaux et les humains qui se trouvent dans le monde physique.

L'accident, qui eut lieu dans la vie de Balaam, est comparable à celui que les conducteurs expérimentent sur la route sans comprendre ce qui leur arrive. Pendant que ces chauffeurs se retrouvent au volant, certains esprits impurs, tels que des énergies contrôlées par des lucifériens, apparaissent sur leur chemin pour leur résister et causer un accident. De plus, ces démons, ou ces énergies dévieront le circuit du véhicule du chemin initial par les pouvoirs qu'ils possèdent pour une direction inconnue tels une forêt, un ravin, ou une rivière, comme ce fut le cas de l'ânesse. À cet instant, les conducteurs perdent le contrôle de leur véhicule. Leur engin se retrouve sous l'emprise d'un démon. Les fonctions de leur véhicule ne répondront plus aux ordres du conducteur, tout comme l'ânesse n'obéissait plus à Balaam.

Dans Nombres 22:26, nous pouvons comprendre une autre manifestation de ces forces du mal quand elles veulent provoquer des accidents contre certains conducteurs. Elles se déplacent devant ces personnes pendant qu'elles conduisent. C'est pourquoi nous avons déjà entendu des gens dire qu'ils ont vu des fantômes circuler devant eux alors qu'ils étaient au volant ou avant qu'ils fassent un accident.

Pour conclure, lisons les déclarations de l'ange de l'Éternel à Balaam après que ses yeux furent ouverts.

> « L'ânesse m'a vu, et elle s'est détournée devant moi
> déjà trois fois; si elle ne se fût pas détournée de moi,
> je t'aurais même tué, et je lui aurais laissé la vie. »
> (Nombres 22 :33)

Cette dernière déclaration de l'ange au prophète nous apporte des éclaircissements sur certaines circonstances qui arrivent lors des accidents. À l'instant où ces puissances sont sur le chemin d'un individu pour lui résister, elles peuvent tuer un conducteur, en endommageant son véhicule. À l'opposé, ces forces peuvent détruire le véhicule et laisser le chauffeur en vie. Elles pourront arracher la vie de celui contre qui elles ont été envoyées sans toutefois atteindre ceux qui voyagent avec lui. La mission de l'ange était contre Balaam, mais pas contre ses serviteurs ou contre les princes de Moab. Alors, l'ange agissait uniquement contre ce prophète. Cette précision que nous donne la Bible sur la situation de Balaam nous permet de comprendre que les esprits sont souvent envoyés sur le chemin spécifiquement contre des conducteurs pour leur résister. C'est la raison pour laquelle dans certains accidents, seule une personne trouve la mort. Souvent, c'est l'unique personne que le monde des ténèbres voulait détruire.

Dans cette histoire, l'ânesse vit l'ange et se détourna trois fois devant lui. Partant de ce fait, les hommes trouvèrent un moyen pour protéger leur véhicule contre les accidents. En conséquence, ces individus ont recours aux forces occultes. L'utilisation des gris-gris (talisman), du rosaire, de la Bible (certaines personnes utilisent la Bible comme un fétiche) et des petites pièces de monnaie se voit dans les véhicules de plusieurs.

Le tableau 7 compare ce qui arriva à Balaam lorsqu'il était sur son ânesse et ce que peuvent vivre des conducteurs dans un véhicule lorsqu'ils sont attaqués par l'adversaire.

Tableau 7: Comparaison entre Balaam avec son ânesse et des conducteurs

Balaam et son ânesse	Les conducteurs et leur véhicule
Balaam monta sur son ânesse sans prier.	Des conducteurs s'assoient dans leur véhicule sans prier.
Dieu, qui est dans le monde spirituel, était en colère contre Balaam, car il allait à Moab. Dieu envoya son ange contre lui.	Un esprit, dans le monde spirituel, peut s'irriter contre un conducteur, au point de se mettre sur son chemin pour lui résister. Des esprits peuvent être envoyés pour la même cause sur le chemin d'un individu.
Les efforts de Balaam pour ramener l'ânesse sur le chemin étaient vains.	Lorsque le véhicule est sous le contrôle des forces spirituelles, le volant du véhicule n'obéit plus aux directives du conducteur. Ses manœuvres seront vaines. Le véhicule l'entraînera dans une direction opposée.

Balaam et son ânesse	Les conducteurs et leur véhicule
Balaam était incapable d'arrêter son ânesse. Il avait totalement perdu le contrôle de l'ânesse.	Des conducteurs constateront que les freins ne fonctionneront plus. Le véhicule sera totalement sur le contrôle du monde spirituel et le chauffeur sera impuissant face à la situation ce qui entraînera la panique.
L'ânesse ne répondait plus aux ordres de Balaam.	Le véhicule suivra la direction que lui impose la force dans le monde spirituel.
L'ânesse n'était plus sur le contrôle du monde physique; le monde spirituel en était maintenant responsable. Dès lors, l'ânesse répliquait aux ordres, que lui donnait l'ange placé sur leur chemin.	Le conducteur constatera qu'une force étrange détourne le véhicule de sa direction initiale. Il pourra finir sa course dans un ravin, sur un poteau électrique ou sous un grumier.
La mission de l'ange de l'Éternel était contre Balaam. L'ange ne fit rien aux ânesses des serviteurs de Balaam ou de celles des princes de Moab.	Lorsqu'un esprit est envoyé pour causer la mort par accident d'un individu, il épargnera la vie de ceux qui voyagent avec lui. Dans certains cas, ceux qui voyagent avec la cible peuvent trouver la mort.

Bien-aimés, renoncez dès à présent à toute protection obscure utilisée sur votre véhicule et revenez au Seigneur. Les prières ci-dessous vous aideront à mettre en fuite les forces qui provoquent des accidents. Lorsque l'ennemi se lèvera contre vous, la puissance de l'Éternel vous servira d'ombrage.

7.3. SECTION DE PRIÈRES

1. Je rends impuissant le pouvoir exercé sur mon véhicule par les forces dans le monde spirituel, au nom de Jésus.

2. Je prends autorité sur les systèmes automatiques, mécaniques et électriques de ce véhicule, au nom de Jésus.

3. Je sépare ce véhicule de tout contact avec le monde spirituel, au nom de Jésus.

4. J'ordonne aux forces maléfiques, empêchant les fonctions de ce véhicule de répondre à mes manœuvres ou à mes commandes, de se retirer, au nom de Jésus.

5. Puissance divine, détourne ce véhicule des énergies envoyées sur mon chemin à travers des séances ou des boules de cristal, au nom de Jésus.

6. J'inverse le contrôle exercé sur ce véhicule par les êtres du monde spirituel, au nom de Jésus.

7. Je déclare que ce véhicule est délivré des activités du monde spirituel, au nom de Jésus.

8. Je conteste et rejette les ordres et les directions donnés à ce véhicule par les forces dans le monde spirituel, au nom de Jésus.

9. Tout esprit dans le monde spirituel se levant pour détourner ce véhicule de son chemin initial, sois dévoré par les vers, au nom de Jésus.

10. Par la puissance de Dieu, je soumets ce véhicule sous mon autorité et je déclare que ses fonctions répondront aux ordres que je leur donnerai, au nom de Jésus.

11. Pendant le jour, le soleil ne frappera pas ce véhicule, ni la lune pendant la nuit, au nom de Jésus.

12. Que la colère des esprits enflammés contre moi, pendant que je conduis, les renverse, au nom de Jésus.

13. Je mets en pièce les anges de Satan, offensés du fait que je conduis ce véhicule, au nom de Jésus.

14. Maudite soit la colère des dieux étrangers pendant que je conduis, au nom de Jésus.

15. Ange de Satan envoyé sur mon chemin pour me résister, courbe-toi et je passerai, au nom de Jésus.

16. Je fais un passage du dos des esprits placés sur mon chemin pour me résister, au nom de Jésus.

17. Aujourd'hui, je couvre ce véhicule par l'ombre de la main de Dieu, au nom de Jésus.

18. Éternel, annonce-moi les choses cachées que je ne connais pas sur ce véhicule, au nom de Jésus.

19. Tout démon, placé sur mon chemin de départ pour résister à ce véhicule, sois couvert de poux, au nom de Jésus.

20. Tout démon, placé sur mon chemin de retour pour résister à ce véhicule, sois couvert de poussière, au nom de Jésus.

21. Tout instrument de la mort, entre les mains de l'esprit placé sur mon chemin, tombe et sois brisé, au nom de Jésus.

22. J'enchaîne les anges de la mort placés sur le chemin de mon véhicule pour me tuer, au nom de Jésus.

23. Ange de la mort se déplaçant au-devant de mon véhicule partout où il va, sois mis en pièce, au nom de Jésus.

24. Mon véhicule, reçois le pouvoir de rouler sur les énergies contrôlées par les boules de cristal, au nom de Jésus.

25. Pendant que je conduis, tout esprit humain venant renverser mon véhicule, broute les herbes comme du bœuf, au nom de Jésus.

26. Que l'esprit malin qui s'est saisi du volant de mon véhicule pour créer une collision soit livré aux flammes pour être dévoré, au nom de Jésus.

27. Mes os ne seront pas brisés dans un accident, au nom de Jésus.

28. Ma chair ne sera pas déchirée, détruite ou brûlée dans un accident, au nom de Jésus.

29. Les membres de mon corps ne seront pas séparés ou mis en pièces dans un accident, au nom de Jésus.

30. Tout rituel, qui a été fait pour protéger ce véhicule contre les accidents, sois frappé d'une double destruction, au nom de Jésus.

31. J'amène la destruction sur les talismans, les rosaires et les petites pièces de monnaie qui sont utilisés dans ce véhicule pour le protéger, au nom de Jésus.

32. Éternel, ôte de ce véhicule le mal qu'a causé l'utilisation des objets occultes, au nom de Jésus.

33. J'applique le sang de Jésus sur les forces introduites dans ce véhicule pour le protéger, au nom de Jésus.

CHAPITRE VIII

LES MAUVAISES NOUVELLES

Avant de consulter les Saintes Écritures pour voir comment les mauvaises nouvelles ont affecté la vie de certains individus, je voudrais vous relater ce qui arriva à un homme lors d'un voyage d'affaires. Cet homme, qui gagnait sa vie en faisant de l'import-export, quitta la République centrafricaine pour se rendre au Cameroun, dans le but de s'acheter de la marchandise. Sur le chemin du retour, il reçut un appel de son épouse. Pendant que sa femme lui expliqua comment un chien avait mordu un de leurs enfants, cet affairiste tomba et mourut.

Bien-aimés, fermez les yeux et priez ainsi : « Toute mauvaise nouvelle, qui veut m'arracher de la terre des vivants, reçois ta destruction, au nom de Jésus. »

À présent, examinons différentes réactions de personnages bibliques suite à l'annonce de mauvaises nouvelles : Job, Éli, sa belle-fille et le roi David.

8.1.   Cas de Job

> « Un jour que les fils et les filles de Job mangeaient et
> buvaient du vin dans la maison de leur frère aîné, il
> arriva auprès de Job un messager qui dit : Les bœufs
> labouraient et les ânesses paissaient à côté d'eux; des
> Sabéens se sont jetés dessus, les ont enlevés, et ont passé
> les serviteurs au fil de l'épée. Et je me suis échappé moi
> seul, pour t'en apporter la nouvelle. Il parlait encore,
> lorsqu'un autre vint et dit : Des Chaldéens, formés
> en trois bandes, se sont jetés sur les chameaux, les
> ont enlevés, et ont passé les serviteurs au fil de l'épée.
> Et je me suis échappé moi seul, pour t'en apporter la
> nouvelle. Il parlait encore, lorsqu'un autre vint et dit :
> Tes fils et tes filles mangeaient et buvaient du vin dans
> la maison de leur frère aîné; et voici, un grand vent
> est venu de l'autre côté du désert, et a frappé contre
> les quatre coins de la maison; elle s'est écroulée sur les
> jeunes gens, et ils sont morts. Et je me suis échappé
> moi seul, pour t'en apporter la nouvelle. Alors Job se
> leva, déchira son manteau, et se rasa la tête; puis, se
> jetant par terre, il se prosterna. » (Job 1 :13-20)

En un seul jour, une succession d'horribles nouvelles troublèrent
la vie de Job. Ses oreilles à peine apprenaient un malheur qu'un
autre s'avisait. En ce mauvais jour, la destinée de Job bascula du
meilleur au pire. L'empire qu'il avait passé tant d'années à bâtir
s'écroula d'un seul coup. En un clin d'œil, tout son travail et ses
efforts partirent en fumée. Des temps difficiles débutaient dans
la vie de Job.

Parmi les habitants de ce monde, il y en a qui vivent sous
l'emprise de mauvaises nouvelles pendant des jours, des

semaines, des mois et voir des années. Ces événements amènent un changement dévastateur dans leur existence. De la joie qu'ils avaient, ils se retrouvent dans le malheur. De la paix dont ils jouissaient, ils sont confrontés aux troubles. Ils vont d'espoir en désespoir, d'abondance à la disette.

8.1.1. Job déchira son manteau

Après avoir entendu toutes ces mauvaises nouvelles, Job mit en pièce le *manteau* qu'il portait par-dessus ses vêtements. Toutefois, il n'exposa point sa nudité ni les parties sensibles de son corps.

Par définition, un *manteau* est un :

> « Vêtement à manches longues, boutonné par devant, que l'on porte sur les autres vêtements pour se protéger du froid. » (Le Petit Larousse illustré 2012, p. 655)

Terrorisé par ces mauvaises nouvelles, il se garda de poser un acte infâme devant la face de l'Éternel. De nos jours, le spectacle qu'offrait Job en déchirant ses vêtements est courant. Souvent, des êtres exposent leur nudité, parce qu'ils ont appris une triste nouvelle. L'annonce de mauvaises nouvelles entraîne dans la vie de ces personnes l'humiliation et la honte. Certains mettront leurs mains à la tête ou se couveront la face pour pleurer. D'autres chercheront à se jeter de gratte-ciels ou de poser un geste dangereux pour leur vie.

8.1.2. Job se rasa la tête

Par la suite, Job se rasa la tête. Les nouvelles inquiétantes peuvent pousser un individu à poser des actes violents qui détruiront son propre corps. L'individu agit contre son âme, sous l'influence de la nouvelle désagréable. Job a pris un instrument pour se raser la tête. Pareillement, vous verrez certaines personnes s'arracher les cheveux ou se frapper la tête pour réagir face à une calamité.

8.1.3. Job se jeta par terre et se prosterna

Enfin, en ces moments de douleur, Job se lança au sol en signe d'abandon entre les mains de l'Éternel. Généralement, lorsque certains entendent de mauvaises nouvelles, ils tombent et se roulent par terre en poussant des cris comme des animaux. Job a su maîtriser la circonstance. Une fois par terre, il se prosterna devant le Dieu d'Abraham pour plaider sa cause. Cet homme avait pris le dessus sur la situation. Job entra directement en prière et chercha la face de Dieu pour comprendre ce qui se passait. Dans cet événement, Job n'accusa personne et n'alla point se plaindre auprès d'aucun individu. Ce geste nous prouve que Job résistait à l'adversité.

Bien-aimés, la dernière fois que vous avez entendu une nouvelle néfaste, êtes-vous aussitôt entrés en prière? Êtes-vous de ceux qui se laissent renverser par les mauvaises nouvelles? Allez-vous consulter les dieux étrangers après avoir entendu une nouvelle désastreuse? La leçon, que nous tirons de ce dernier geste de Job, est la suivante : dans les malheurs, il ne se mit pas dans sa tenue d'Adam pendant qu'il se prosterna devant l'Éternel.

À cette heure, des ouvriers trompeurs déguisés en apôtres de Christ ont fait infiltrer des fausses doctrines dans l'Église. Ils enseignent aux brebis qu'il faut se dévêtir pour plaider leur cause devant l'Éternel dans les moments difficiles. Le plus souvent, les pasteurs citent l'exemple de Job. Certains de ces ministres, dans leur sanctuaire, se retrouvent en train de prier sur leurs brebis, alors que celles-ci sont entièrement dévêtues. Ne sont-ils pas en train de crucifier l'Évangile en agissant ainsi? Quels dieux servent ces bergers? Nous sommes attristés d'entendre nos sœurs parler de l'expérience qu'elles ont vécue, entre les mains de faux pasteurs. De plus, certaines racontent comment elles ont prié nues dans leur maison ou à l'extérieur, tard la nuit. Quel plaisir Dieu a-t-il de voir leur nudité? Ceux qui font ce genre de prières et les ministres qui les conseillent ne sont-ils pas confus? Ces ouvriers d'iniquité aux ventres affamés polluent nos assemblées. Leur fin sera selon leurs œuvres.

8.2.   CAS DU PROPHÈTE ÉLI

> « Celui qui apportait la nouvelle dit en réponse :
> Israël a fui devant les Philistins, et le peuple a
> éprouvé une grande défaite; et même tes deux fils,
> Hophni et Phinées, sont morts, et l'arche de Dieu
> a été prise. À peine eut-il fait mention de l'arche
> de Dieu, qu'Éli tomba de son siège à la renverse, à
> côté de la porte; il se rompit la nuque et mourut, car
> c'était un homme vieux et pesant. Il avait été juge en
> Israël pendant quarante ans. » (1 Samuel 4 :17-18)

Éli était le sacrificateur de l'Éternel en Israël pendant près de quarante ans. Sa fonction lui permettait de garder l'arche de l'Éternel dans le temple. Durant la guerre entre le peuple d'Israël et les Philistins, les Israélites furent vaincus au combat. Les anciens demandèrent que l'arche de Dieu soit portée sur la zone des conflits pour que Dieu les délivre de leurs ennemis. Les fils du sacrificateur Éli transportèrent l'arche sur le lieu des conflits (1 Samuel 4 :3-4). La bataille fut à l'avantage des Philistins et l'arche avait été arrachée des mains des Israélites. Finalement, un soldat s'échappa du champ de bataille pour amener la mauvaise nouvelle dans la ville et au sacrificateur.

Ce jour-là, le prophète Éli reçut une série de mauvaises nouvelles : la destruction de ses deux enfants et la défaite du peuple d'Israël. Or, ces mauvaises nouvelles épargnèrent la vie du sacrificateur. C'est la notification de la prise de l'arche de l'alliance qui fut à l'origine de son décès.

Éli était âgé, aveugle et pesant. Toutefois, il ne souffrait nullement de maladies mortelles. Son décès ne survint point à la suite d'une altercation, d'un accident, d'une arme à feu ou d'un empoisonnement. Au moment où ses oreilles entendirent parler de la prise de l'arche, il tomba du siège où il était assis et se rompit la nuque.

8.3. CAS DE LA BELLE-FILLE D'ÉLI

> « Sa belle-fille, femme de Phinées, était enceinte et sur le point d'accoucher. Lorsqu'elle entendit la nouvelle de la prise de l'arche de Dieu, de la mort de son beau-père et de celle de son mari, elle se courba et accoucha, car les douleurs la surprirent. » (1 Samuel 4 :19)

Suite à cette lecture, notez que les mauvaises nouvelles peuvent précipiter l'arrivée d'un événement dans la vie d'une personne. Ainsi, une femme peut faire une fausse couche, ou voir son cycle menstruel se déclencher, dès la communication d'une de ces nouvelles. Ainsi, l'accouchement de la belle-fille du prophète Éli fut précipité suite à l'annonce de l'horreur qui frappa son foyer et sa belle famille. Ses contractions la forcèrent à se courber et elle donna naissance à son enfant, qui naquit le jour où moururent son père, son grand-père et son oncle. Ainsi, le jour de joie de cette dame fut transformé en tristesse par l'ennemi.

8.4.   Cas du roi David

Le roi Saül était à la poursuite du jeune David et de ses troupes dans la montagne (1 Samuel 23 :26-28). Saül voulait à tout prix la mort du jeune David. Le roi s'opposait à son accès au trône préférant y placer son fils Jonathan (1 Samuel 20 :30-31). Pour délivrer David et ses troupes de leurs poursuivants, Dieu n'a envoyé ni ange ni fait tomber des pierres du ciel. Le Seigneur n'a guère empêché le plan macabre de Saül. Le puissant de Jacob regardait du haut des cieux Saül agir tout en sachant comment il allait procéder pour sortir David de cette situation. Saül s'apprêtait à mettre la main sur David et ses troupes quand un messager vint lui annoncer une mauvaise nouvelle. Dès ce moment, Saül cessa de poursuivre David et s'en retourna à la rencontre des Philistins. Une fois encore, Dieu avait agi de manière miraculeuse en sauvant la vie du jeune David.

L'Éternel est le maître des temps et des circonstances. Ayez foi en ce Dieu. Le cas de David démontre que les mauvaises nouvelles sont utilisées par les puissances du monde spirituel comme une arme de *délivrance* ou de destruction. À présent, regardons comment le monde spirituel opère à partir de cet outil.

8.5.   La puissance qui opère à travers les mauvaises nouvelles

Certainement, les hommes ne meurent pas pour avoir entendu une mauvaise nouvelle ou parce qu'ils se jettent violemment à terre. En lisant attentivement le cas du sacrificateur Éli, vous

vous demanderez comment sa mort est arrivée. Cet homme était
assis sur un siège. De quelle façon est-il tombé pour se briser
la nuque? Aurait-il chuté par devant? Par derrière? La chute de
ce sacrificateur était étrange. Le monde spirituel était impliqué
dans sa mort. Dieu avait déjà révélé à Samuel le jugement qu'il
apporterait contre la maison d'Éli. Que s'était-il réellement passé
le jour de la mort de ce sacrificateur?

> « Je vais mettre en lui un esprit tel que, sur une nouvelle
> qu'il recevra, il retournera dans son pays; et je le ferai
> tomber par l'épée dans son pays. » (2 Rois 19 :7)

Dans le passage, Dieu parle au prophète Ésaïe de sa décision
d'arrêter le roi d'Assyrie, venu envahir le royaume de Juda.
Dieu annonce qu'il va mettre dans ce monarque un esprit et
que lorsqu'il entendra une nouvelle, il fuira dans son pays et
y périra. Tout d'abord, notons que Dieu devait déléguer une
puissance contre le roi d'Assyrie avant qu'il reçoive la nouvelle.
La mission de l'esprit envoyé contre le roi était de le mettre en
fuite au moment où il entendrait la mauvaise nouvelle. Nous
pouvons ainsi conclure qu'il y a une force qui agit à travers les
mauvaises nouvelles.

Dans le même ordre d'idées, un phénomène similaire arriva au
sacrificateur Éli. Un esprit avait déjà été envoyé contre lui pour
l'achever au moment où il allait apprendre la prise de l'arche
de Dieu. La minute où ses oreilles entendirent cette mauvaise
nouvelle, cet esprit le projeta de son siège par l'arrière et il se
rompit la nuque.

Bien-aimé, lorsqu'un jugement de mort à travers une mauvaise
nouvelle est ordonné contre un individu dans le monde des
ténèbres, un esprit de mort est ensuite envoyé pour exécuter le

jugement contre cette personne. L'action de cet esprit prendra effet au moment précis où l'affreuse information sera proclamée à la victime. C'est ainsi que les citoyens meurent à la seconde où on leur annonce de tristes nouvelles.

Quand vous aurez à informer quelqu'un d'une mauvaise nouvelle, évitez de faire comme ceux qui cherchent à savoir si la personne est debout ou allongée avant de leur parler du malheur. Si leur interlocuteur est debout, ils lui demanderont de s'asseoir, à cause de la dure nouvelle à publier. Porterez-vous sur votre conscience la mort d'un individu pour l'avoir avisé d'un événement qui l'aurait arraché de la surface de la terre? Avant de faire part d'une triste nouvelle, priez contre les forces qui agissent à travers les mauvaises nouvelles. De la sorte, la personne qui apprendra ce malheur sera protégée.

8.6.   SECTION DE PRIÈRES

1.   Éternel, protège mes oreilles des mauvaises nouvelles, au nom de Jésus.
2.   Éternel, délivre ma vie du pouvoir des mauvaises nouvelles, au nom de Jésus.
3.   Ô Éternel, cette année, lève-toi et détruis les mauvaises nouvelles, au nom de Jésus.
4.   Puissances des mauvaises nouvelles, jetez-vous par terre, au nom de Jésus.
5.   Je fais tomber à la renverse les puissances qui sont derrière les mauvaises nouvelles, au nom de Jésus.
6.   À l'annonce de mauvaises nouvelles, ma bouche ne posera pas de jugement contre moi, au nom de Jésus.
7.   À l'annonce de mauvaises nouvelles, mes mains ne se lèveront pas contre moi, au nom de Jésus.

8. J'annule toute prosternation devant les dieux étrangers à la communication de mauvaises nouvelles, au nom de Jésus.

9. Mes cheveux ne tomberont pas à terre sous les effets de mauvaises nouvelles, au nom de Jésus.

10. Je punis toute mauvaise nouvelle qui voudrait *(choisir de la liste ci-dessous)*, au nom de Jésus.

   - m'obliger à exposer ma nudité;
   - me forcer à commettre des crimes;
   - me rendre odieux aux yeux des hommes;
   - me mettre dans une grande colère.

11. Je mets en fuite les esprits de mort attachés aux mauvaises nouvelles, au nom de Jésus.

12. Que tout esprit planifiant de me renverser à la publication de mauvaises nouvelles soit couvert de vers, au nom de Jésus.

13. À la proclamation de mauvaises nouvelles, ma nuque ne sera pas rompue, au nom de Jésus.

14. Je brise le sommet de la tête des esprits assignés à me tuer à la notification de mauvaises nouvelles, au nom de Jésus.

15. J'anéantis les douleurs programmées sur mon corps à la suite de mauvaises nouvelles, au nom de Jésus.

16. Je passe au fil de l'épée l'angoisse et la frayeur provoquées par les mauvaises nouvelles, au nom de Jésus.

17. Éternel, trouble la colère des hommes qui se lèvent contre moi à la déclaration de mauvaises nouvelles, au nom de Jésus.

18. Seigneur, par une mauvaise nouvelle, fais retourner tous ceux qui me poursuivent, au nom de Jésus.

19. Messager de mauvaises nouvelles, sois visité par l'Éternel, au nom de Jésus.

20. Par les mauvaises nouvelles, j'échappe des mains de ceux qui m'entourent, au nom de Jésus.

21. Je frappe d'étourdissement les oreilles des forces qui veulent entendre de moi des mauvaises nouvelles, au nom de Jésus.

22. Je brise la chaîne des mauvaises nouvelles préparée contre ma famille et moi, au nom de Jésus.

23. Puissant de Jacob, fais périr les forces des mauvaises nouvelles placées en embuscade contre moi, au nom de Jésus.

24. Puissant de Jacob, fais trembler la voix des mauvaises nouvelles, au nom de Jésus.

25. J'échappe aux accidents causés par les mauvaises nouvelles, au nom de Jésus.

26. Que les esprits de précipitation qui se manifestent lors de la publication de mauvaises nouvelles soient jetés dans la fosse, au nom de Jésus.

27. Toutes prédictions de mauvaises nouvelles concernant ma vie, sombrez au nom de Jésus.

CHAPITRE IX

LA DÉLIVRANCE DES NARINES

N otre enseignement sera basé sur les différentes activités maléfiques entreprises contre l'homme par ses narines, selon qu'elles sont dénoncées dans la parole de Dieu. Ensuite, nous crierons à l'Éternel dans la section de prières agressives, pour qu'il nous libère.

9.1. LA RESPIRATION : UNE ACTIVITÉ VITALE

Lors de la création, l'Éternel forma l'homme de la poussière de la terre. Celui-ci devint un être vivant, au moment où le Créateur administra dans son *nez* le souffle de la vie (Genèse 2 :7). Les narines, comme toutes les autres parties du corps, sont d'une grande importance pour l'être humain. En fait, nous devons veiller sur nos narines avec précaution. Il est possible de rencontrer une personne aveugle, sourde, muette incapable de marcher. Malgré tout, elle peut être bien en vie. Bien-aimés, y a-t-il sur cette terre un être humain qui vit sans respirer? Impossible. Même si la personne est en vie, le diable peut attaquer ses narines tout comme il peut agresser les autres organes du corps humain.

Dans cette optique, l'histoire biblique qui se rapporte à ce phénomène est celle de l'apôtre Paul. Un jour, Paul se trouva sur l'île de Malte. Là, une vipère vint s'accrocher sur sa main au moment où il ramassait un tas de broussailles. L'apôtre Paul agita cette bête venimeuse dans le feu et libéra sa main de l'emprise du serpent. Ce fut une grande délivrance (Actes 28 :3-5).

Comme le fit Paul pour sa main, nous devons secouer tous ces étrangers maléfiques qui occupent nos narines, pour nous affranchir de leur contrôle.

Le mot *délivrance* signifie :

> « Action de délivrer; libération. Fait de débarrasser d'une contrainte, d'une gêne. » (Le Petit Larousse illustré 2012, p. 320)

À présent, vérifions ce qu'indiquent les Écritures sur les activités menées contre nos narines. Les différentes attaques du malin contre les narines ont été classées en six catégories.

9.2.   PREMIÈRE CATÉGORIE : ABSENCE D'ODORAT

Le Psaume 115 :6 nous déclare :

> « Elles ont des oreilles et n'entendent point, elles ont un nez et ne sentent point. »

Dans ce passage, la Bible fait allusion aux idoles fabriquées de mains d'hommes, vénérées et adorées par les êtres humains. Le psalmiste indique que ces idoles ont une absence d'*odorat* malgré qu'elles aient un *nez*. Le *nez* est la :

« Première partie des voies respiratoires et siège de
l'odorat. » (Le Petit Larousse illustré 2012, p. 732)

Cela dit, nos narines servent, entre autres, à respirer. Elles sont
également présentent pour sentir les odeurs naturelles. L'être
humain possède cinq sens : la vue pour les yeux, l'ouïe pour
les oreilles, le toucher pour la peau, le goût pour la langue et
l'*odorat* pour le nez. L'*odorat* est le :

« Sens permettant la perception des odeurs, dont les
récepteurs sont localisés dans les fosses nasales [...] »
(Le Petit Larousse illustré 2012, p. 749)

Tous les humains respirent par le nez. Par contre, certains
perçoivent difficilement les odeurs naturelles. Dès que le
puissant de Jacob a fait cette déclaration concernant les idoles,
le diable a rapidement trouvé une arme à utiliser contre les
humains. Lisons ce qu'a écrit l'apôtre Paul aux Corinthiens :

« Et pour que je ne sois pas enflé d'orgueil, à cause de
l'excellence de ces révélations, il m'a été mis une écharde
dans la chair, un ange de Satan pour me souffleter et
m'empêcher de m'enorgueillir. » (2 Corinthiens 12 :7)

Selon Paul, Satan avait placé un démon dans sa *chair*, le :

« Tissus musculaire et conjonctif du corps humain
et animal couvert par la peau. » (Le Petit Larousse
illustré 2012, p. 190)

Ce démon lui donnait des soufflets pour l'empêcher de devenir
orgueilleux. Voici la raison pour laquelle vous trouverez des
personnes qui discernent de moins en moins les fragrances

naturelles. Satan a placé un démon dans les récepteurs de leur fosse nasale, pour les empêcher de percevoir les arômes naturels.

9.3. DEUXIÈME CATÉGORIE : ODORAT SURNATUREL

> « J'ai envoyé parmi vous la peste, comme en Égypte;
> j'ai tué vos jeunes gens par l'épée, et laissé prendre
> vos chevaux; j'ai fait monter à vos narines l'infection
> de votre camp [...] » (Amos 4 :10)

Dans ce verset, Dieu parle aux enfants d'Israël. L'Éternel fait comprendre à son peuple qu'il est responsable des divers maux que traversait Israël.

Dieu est une puissance qui bénit et pardonne les péchés. Toutefois, par moment, l'Éternel peut se retourner contre vous en amenant la mort, la famine et l'affliction. Le diable n'est pas toujours celui qui sera à la source de vos difficultés. Le Créateur deviendra votre ennemi dès que vos voies lui seront désagréables. Dans le cas des enfants d'Israël, le Tout-Puissant est celui qui fit monter à leurs narines l'infection de leur camp. L'épidémie ou la plaie des senteurs, dont souffraient les enfants d'Israël, n'étaient pas dues aux pauvres conditions d'hygiène, à l'insalubrité ou aux déchets toxiques jetés dans leur environnement. Elle était le résultat des senteurs produites par Dieu. L'Éternel faisait monter à leurs narines des odeurs d'excréments, d'urines, de poubelles, d'animaux morts, etc., qui se trouvaient dans leur camp.

Dans le Lévitique 26 :31, l'Éternel affirme aux enfants d'Israël qu'il ne respirera plus l'odeur agréable de leur parfum. Cette déclaration montre que les esprits ont des narines qui leur permettent de humer. De ce fait, ils peuvent déceler la différence entre une bonne ou une mauvaise odeur.

Le mot *monter,* selon Le Petit Larousse, signifie :

> « Transporter dans un lieu plus élevé. » (Le Petit
> Larousse illustré 2012, p. 703)

Dieu transportait l'odeur des poubelles ou des urines du lieu où elle se trouvait vers les narines des enfants d'Israël. Ces odeurs ne se répandaient point dans les airs, comme dans le cas dont Joël fait allusion ici :

> « J'éloignerais de vous l'ennemi du nord, je le
> chasserais vers une terre aride et déserte, son
> avant-garde dans la mer orientale, son arrière-garde
> dans la mère occidentale; et son infection se
> répandra, sa puanteur s'élèvera dans les airs, parce
> qu'il a fait de grandes choses. » (Joël 2 :20)

Ce qui arrivait aux enfants d'Israël était surnaturel. Peu importe les mesures qu'ils prenaient pour nettoyer et parfumer leurs camps, la puanteur se manifestait toujours dans leurs narines. Bien-aimés, de la même manière que Dieu l'a fait contre le peuple d'Israël, les démons utilisent les mêmes procédés contre leurs victimes. Les esprits impurs ont la capacité de reproduire les odeurs des excréments dans les narines d'un individu. Celui-ci sera le seul à inhaler cette odeur. Ceux autour de lui ne pourront guère sentir ces relents. Les démons peuvent répandre de mauvaises odeurs dans l'air, dans une maison ou dans un environnement. Lorsqu'une personne peut sentir les exhalaisons que les autres autour d'elle ne peuvent naturellement pas percevoir, son appareil olfactif est sous l'influence et le contrôle d'un démon. Ses narines ont donc besoin d'être délivrées. À l'opposé, certains hument de bonnes odeurs. Cela ne détermine en rien la présence des anges. Le diable généralement est à l'origine de ces bonnes odeurs, dont le but est de décevoir ses victimes.

9.4.   TROISIÈME CATÉGORIE : SAIGNEMENT NASAL

Le saignement nasal est une des méthodes qu'utilise notre ennemi pour tourmenter ceux contre lesquels il a étendu sa main. Bien-aimés, Satan copie de façon systématique les œuvres de l'Éternel. Il reproduit de manière artificielle, les activités que Jéhovah a faites ou a dénoncées dans sa parole. La Bible nous demande d'être les imitateurs de Dieu (Éphésiens 5 :1). Eh bien, le dragon est devenu un plagiaire des œuvres du Saint des saints. Chaque fois que vous serez sous les effets d'une attaque en particulier, consultez les Écritures à ce sujet.

Dans la Bible, le Saint-Esprit a résolu les cas de saignements, telle la situation de la femme qui saignait pendant douze ans (Luc 8 :43-46). Les médecins perdirent tout espoir de soigner cette femme, parce que son problème émanait du monde spirituel. Cette maladie était une activité des démons. Il en est autant pour une certaine catégorie de personnes qui souffrent d'écoulements de sang par les narines. Seule la puissance de Jésus pourra guérir ces personnes. Pour être traitées, ces malades doivent toucher le vêtement du Christ, comme le fit la dame qui saignait.

Maintenant, analysons ce proverbe :

> « Car la pression du lait produit de la crème, la pression du nez produit du sang, et la pression de la colère produit des querelles. » (Proverbes 30 :33)

Ce verset biblique indique que le sang pourrait couler des narines par la *pression* exercée sur celles-ci. Le mot *pression* signifie :

« Action de presser ou de pousser avec effort. » (Le Petit Larousse illustré 2012, p. 876)

Le verbe *presser* signifie :

« Comprimer de manière à extraire un liquide. » (Le Petit Larousse illustré 2012, p. 876)

En fait, le sang circule du cœur vers les organes à travers les artères. Ainsi, à partir des vaisseaux, les *démons* poussent le sang hors des narines de leur victime, ce qui entraîne des hémorragies.

9.5.   QUATRIÈME CATÉGORIES : FUMÉE NASALE

Le psalmiste écrit :

« Il s'élevait de la fumée dans ses narines, et un feu dévorant sortait de sa bouche; il en jaillissait des charbons embrasés. » (Psaumes 18 :9)

À vrai dire, les narines de Dieu étaient en fumée pour deux raisons. Premièrement, il était irrité de voir son oint David en danger. Deuxièmement, c'était à cause de la présence du feu dans sa bouche. Avant tout, il faut absolument du feu pour avoir de la fumée! Effectivement, l'adage déclare : « il n'y a pas de fumée sans feu ». Le feu et la fumée qui sortaient de la bouche et des narines de Dieu avaient pour but d'amener la délivrance dans la vie de David, celle-ci étant en péril.

Cela dit, la création du cigare, de la cigarette, du joint ou de la pipe vient du monde de ténèbres. Cette idée tire son origine de Satan, le prince de la puissance de l'air. L'action des personnes qui s'adonnent au tabac correspond aux détails de ce qui se passe dans le Psaume 18 :9. Cet acte a eu lieu dans le plan spirituel et a été révélé à David par le Saint-Esprit. Le feu jaillissait de la bouche de l'Éternel. En même temps, la fumée émergeait de ses narines. Si vous prêtez attention à un être qui fume, vous constaterez qu'avant de voir la fumée sortir de ses narines, il doit allumer le tabac à l'aide d'un briquet ou d'une allumette. Le feu restera en permanence sur la cigarette qui se trouve dans la bouche du fumeur. Celui-ci aspirera la fumée, qui sera ensuite rejetée par ses narines. Le feu brûlant sur la cigarette, placée dans la bouche du fumeur, contribue à sa destruction.

Or, ces fumeurs ne sortent pas la fumée de leurs narines parce qu'ils sont irrités. C'est plutôt une manifestation des œuvres de la chair. Le désir de fumer est contrôlé dans la vie de ces êtres par le démon qui se trouve dans leurs narines. Du moment où le doigt de l'Éternel chassera cet esprit de leur nez, ils seront délivrés du désir d'insuffler les bouffées de tabac à jamais.

Malgré tout, certains se demandent où la Bible interdit de fumer la cigarette. Ils posent cette question parce qu'ils ignorent les ruses du malin. Satan est l'architecte et le fondateur du cigare et de toutes les œuvres de la chair décrites dans Galates 5 :19-21. Dans ce passage, la Bible parle des « choses semblables » : fumer fait partie de ces choses. Lorsque le diable vit l'Éternel dans sa colère faire jaillir de sa bouche du feu et de ses narines de la fumée, Satan libéra David des liens dans lesquels il le retenait. Dans la ruse, ce serpent eut l'idée d'amener les êtres vivants à évacuer de la fumée de leurs narines. Ainsi, il incita l'homme à créer le cigare, la cigarette, le calumet et tout ce qui peut être fumé. Bien-aimés, tous les fumeurs glorifient Satan pour la destruction de leurs âmes.

9.6.   CINQUIÈME CATÉGORIE : RONFLEMENT

Dans le verset suivant, Job parle d'abord de sa respiration et ensuite du souffle de Dieu présent dans ses narines :

> « Aussi longtemps que j'aurai ma respiration, et que le souffle de Dieu sera dans mes narines, mes lèvres ne prononceront rien d'injuste, ma langue ne dira rien de faux. » (Job 27 :3-4)

Ici, les narines de Job furent touchées par la puissance de l'Éternel, comme ce fut le cas de la bouche du prophète Ésaïe quand il fut visité par l'ange de Dieu (Ésaïe 6 :6-7). La présence du souffle de Dieu dans les narines de Job lui permettait de ne point pécher avec ses lèvres ou sa langue. En vérité, un être peut avoir en lui de la respiration et manquer la présence du souffle de Dieu dans ses narines. L'absence du souffle divin chez une personne l'amènera à pécher par ses lèvres ou par sa langue. Les narines de Job n'étaient plus ordinaires; elles venaient de recevoir l'onction divine. Lisons ce qu'exprime la traduction anglaise de ce verset biblique, tirée de la version King James :

> « All the while my breath is in me, and the spirit of God is in my nostrils. My lips shall not speak wickedness, nor my tongue utter deceit. » (Job 27 :3-4)

La version anglaise parle de l'Esprit de Dieu, tandis que celle en français fait plutôt allusion au souffle de Dieu. Ces deux interprétations démontrent le même phénomène, car le souffle de Dieu représente son Esprit.

Bien-aimés, les narines d'un individu peuvent porter un esprit venant de Dieu ou du diable, comme nous l'avons constaté dans le cas de Job. La présence de l'esprit de Satan dans le nez d'un individu l'amènera à pécher d'une part et ne l'empêchera pas de respirer d'autre part. Ce méchant esprit se blottira dans les narines de sa victime pour d'autres missions, qu'il exécutera chaque fois que l'opportunité se présentera à lui.

À présent, lisons ce que déclare le Psaume 18 :16 :

> « Le lit des eaux apparut, les fondements du monde furent découverts, par ta menace ô Éternel! Par le bruit du souffle de tes narines. »

Quand l'Éternel est venu délivrer son serviteur David des mains de ses ennemis, de grandes manifestations eurent lieu dans ces moments de libération. Par la révélation obtenue du Saint-Esprit, le psalmiste déclare que c'est par le bruit du souffle des narines du Seigneur que le lit des eaux et les fondements du monde étaient apparus. Ce bruit s'était produit une fois que le souffle de Dieu était hors de ses narines. Le souffle de Dieu, qui sortait de ses narines, représentait sa puissance ou encore son Esprit Saint. Nous pouvons conclure qu'un esprit impur peut produire des bruits, qu'il soit à l'intérieur ou à l'extérieur de l'individu (Jérémie 6 :7).

Dans le cas de Job, l'Esprit Saint dans ses narines lui permit de s'écarter du péché. Dans le cas de Dieu, le souffle de ses narines produisait des bruits hors de celles-ci. Donc, Satan programme des démons dans les narines des humains pour engendrer des bruits. Ce que nous connaissons sous le nom de ronflements a lieu quand les hommes sont endormis et varient d'une personne à l'autre. L'ennemi veut créer une nuance ou une confusion en nous faisant croire que c'est en inhalant durant leur sommeil que ces bruits sont produits. Cette affirmation est fausse. Pourquoi les hommes ne ronflent-ils pas pendant qu'ils sont éveillés? Ne sont-ils pas en train de respirer? Lorsqu'une personne respire, le démon dans ses narines émet directement les sons ou les bruits au même rythme que son souffle. Quand elle inspire, ce démon arrête ses activités. Les ronflements manifestés dans les narines des gens pendant leur sommeil indiquent la présence des esprits impurs dans le nez de ces derniers. En conséquence, leurs narines nécessitent une délivrance.

De nos jours, cette chaîne démoniaque retient plusieurs dans l'Église qu'ils soient ministres ou pasteurs. Or, certains ministres de délivrance prétendent libérer les personnes que les esprits impurs tourmentent. Ces ministres ignorent qu'ils sont eux-mêmes démonisés. Aux alentours de 2005, je participais à une conférence chrétienne qui avait lieu à Jacksonville, dans l'état de la Floride aux États-Unis. Ce séminaire a été organisé par la pasteure Gwen R. Shaw, auteure du livre *Au fil des jours*[2]. Différents membres de ministères de combat spirituel étaient présents à ce séminaire. L'on faisait référence à certains pasteurs comme des ministres de délivrance puissants. Parce qu'ils étaient en provenance d'autres continents, ces hommes de Dieu, venus spécialement pour le séminaire, se trouvèrent confrontés au syndrome du décalage horaire. Alors, ils commencèrent à dormir pendant la conférence. Durant le séminaire, les participants ont été énormément dérangés par les bruits de ronflements d'un de ces ministres de délivrance, qui savourait sans aucune inquiétude son sommeil. C'était en vain que son partenaire le réveillait. Quelques instants après, il retombait endormi et les ronflements reprenaient.

Certains foyers ont été brisés à cause de ronflements. Maris et femmes évitent de dormir l'un près de l'autre, car leur repos est

---

2   Gwen R. Shaw (2006). *Au fil des jours*. Hosanna, 534 pages.

perturbé. La médecine, malgré tous ses efforts de recherches, offre encore des résultats minables et inefficaces contre les ronflements. Les gadgets proposés aux patients pour réduire les bruits lorsqu'ils dorment n'apportent aucune solution. Cette activité est d'ordre spirituel. Seul Jésus-Christ détient la solution. Voilà pourquoi la parole dit :

> « Si tu te couches, tu seras sans crainte; et quand tu seras couché, ton sommeil sera doux. » (Proverbes 3 :24)

9.7. Sixième catégorie : prédiction par les narines

Ce passage suivant fait allusion au cheval, qui par ses narines, a la capacité de *flairer* de loin la bataille, la voix tonnante des chefs ainsi que les cris de guerre.

> « Quand la trompette sonne, il dit : En avant! Et de loin, il flaire la bataille. La voix tonnante des chefs et les cris de guerre. » (Job 39 :28)

Le verbe *flairer* signifie :

> « 1. Humer l'odeur de quelque chose; percevoir, découvrir par l'odeur; 2. Discerner, deviner par intuition. » (Le Petit Larousse illustré 2012, p. 461)

À partir de cette définition, nous concevons que le cheval peut grâce à son odorat discerner un événement, un bruit ou une odeur à distance. Les animaux ont des aptitudes qui les distinguent des êtres humains. Du moment où les gens détiennent des qualités que possèdent les animaux, il y a un problème. Des esprits impurs logent dans les narines de certaines personnes et leur confèrent la même aptitude manifestée par les animaux. Ces gens se servent de leurs narines pour discerner, deviner ou découvrir par l'odeur. Pour citer quelques exemples, les démons attachés à leur odorat peuvent les informer de l'arrivée d'un véhicule au loin à partir du bruit de son moteur, de l'arrivée d'un individu à travers son odeur corporelle, d'un incendie survenu dans une autre localité à travers l'odeur de brûlé ou, encore, des paroles d'une conversation qui a lieu dans un autre endroit.

Bien-aimés, portons attention aux manifestations des dons spirituels chez soi et chez les autres. Satan manipule les humains à sa guise. Lorsque de telles aptitudes se manifestent en vous, cherchez à savoir leurs origines. De nos jours, Satan utilise les narines de plusieurs chrétiens pour exprimer sa puissance. Ces organes ont besoin d'être délivrés des envahisseurs maléfiques. Les prières ci-dessous nous aideront à résister à ces forces afin qu'elles s'éloignent de nous.

9.8. SECTION DE PRIÈRES

1. J'expulse hors de mon système respiratoire les dépôts des esprits impurs, au nom de Jésus.
2. Souffle des forces des ténèbres polluant mon système respiratoire, soit neutralisé, au nom de Jésus.
3. Tout esprit soufflant dans mes narines, sois battu par la tempête, au nom de Jésus.
4. Ange de Satan, empêchant mon odorat de percevoir l'odeur naturelle, sois emporté par les vents, au nom de Jésus.
5. Je brise la malédiction de destruction prononcée contre mes narines, au nom de Jésus.
6. Je brise le nez des idoles et des statuettes maléfiques, au nom de Jésus.

7. J'humilie la puissance des bouches déclarant que j'aurai un nez et que je ne sentirai point, au nom de Jésus.

8. Esprit malin, qui fait monter à mes narines des infections, retire-toi, au nom de Jésus.

9. Droite de l'Éternel, détruis les esprits impurs qui répandent les odeurs dans les airs, au nom de Jésus.

10. Délivre mes narines, Éternel, et elles seront délivrées, au nom de Jésus.

11. Par le sang de Jésus, j'éloigne les infections de cet environnement montées dans mes narines, au nom de Jésus.

12. Tout esprit impur dans mes artères poussant le sang hors de mon nez, arrière de moi, au nom de Jésus.

13. Tout démon pressant mon nez pour produire du sang, va-t'en, au nom de Jésus.

14. Éternel, fortifie mon nez pour qu'il résiste à la pression des forces des ténèbres, au nom de Jésus.

15. Puissance divine, arrête les écoulements de sang dans mes narines, au nom de Jésus.

16. Que mon odorat soit libéré du pouvoir des chiens, au nom de Jésus.

17. Toute aptitude maléfique de deviner, discerner et de prévoir, manifestée dans mon odorat, sois détruite, au nom de Jésus.

18. Sépare-moi, Seigneur, des puissances me donnant l'habilité de deviner à travers mon odorat, au nom de Jésus.

19. Toute puissance dans mes narines me donnant la capacité de flairer de loin un événement, un bruit ou une conversation, sois chassée, au nom de Jésus.

20. J'amène la colère de Dieu contre les esprits produisant des bruits dans mes narines quand je dors, au nom de Jésus.

21. Je frappe de silence les esprits qui font du bruit dans mes narines, au nom de Jésus.

22. Que le souffle de mes narines soit libéré de tout bruit, au nom de Jésus.

23. Bruits du souffle des esprits impurs dans mes narines, périssez, au nom de Jésus.

24. Je remplis de honte le visage des esprits de ronflement qui planifient m'humilier publiquement, au nom de Jésus.

25. Aussi longtemps que j'aurai ma respiration, le souffle de Satan n'existera pas dans mes narines, au nom de Jésus.

26. Tout esprit élevant de la fumée dans mes narines, va dans les lieux arides, au nom de Jésus.

27. Toute chose dans mes narines, pareille à de la fumée, sois arrachée, au nom de Jésus.

28. Que tout serpent dans mes narines soit écrasé, au nom de Jésus.

29. J'arrache de mes narines la boucle du monde des ténèbres, au nom de Jésus.

30. Aucun jonc ou aucune boucle ne sera mis dans mes narines, au nom de Jésus.

31. Bruits des vases bouillants et des chaudières ardentes se manifestant dans mes narines, soyez neutralisés, au nom de Jésus.

32. Le souffle de l'Éternel restera dans mes narines, au nom de Jésus.

33. J'éteins le feu du royaume de ténèbres, brûlant dans mes narines, au nom de Jésus.

34. J'agite, hors de mon nez, l'anneau du mari esprit/de la femme esprit, au nom de Jésus.

35. Mes narines, soyez guéries de défauts maléfiques, au nom de Jésus.

36. Seigneur, réanime mon sens de l'odorat, au nom de Jésus.

37. Anneau d'or sur mes narines, me dépouillant de mes facultés, tombe et sois brisé, au nom de Jésus.

38. Main astrale pressant mon nez, sois mise en pièce, au nom de Jésus.

39. En ce jour, Éternel, ôte de mon nez les rameaux du monde spirituel, au nom de Jésus.

40. Je mets en fuite les puissances qui font de mon nez une tour de contrôle, au nom de Jésus.

41. Je rejette le souffle de la mort introduit dans mes narines, au nom de Jésus.

42. Je déclare que le souffle de vie dans mes narines ne sera pas converti à celui de la mort, au nom de Jésus.

43. Tout pouvoir qui voudrait évacuer ce que j'ai mangé de mes narines, renonce à tes projets, au nom de Jésus.

44. Les aliments ou les breuvages entrés par la porte de ma bouche ne sortiront pas par mes narines, au nom de Jésus.

45. J'applique le sang de Jésus sur les narines des forces des ténèbres, au nom de Jésus.

46. Que la fumée, sortant des narines des forces de ténèbres, les détruise, au nom de Jésus.

Chapitre X

LES FORCES QUI DÉTRUISENT LES MARIAGES (PARTIE 1)

D ans les deux chapitres suivants, nous allons adresser les forces qui détruisent les mariages. Juste avant, portons un regard sur le tout premier mariage de la création de Dieu.

10.1. Premier mariage de la création

Au commencement, Adam vivait dans le jardin d'Éden. Après avoir donné un nom à chacun des animaux, il ne trouva point d'être semblable à lui. Son envie d'avoir auprès de lui une femme attira l'attention de l'Éternel. Dieu laissa à l'homme le choix de manifester son souhait d'avoir une compagne, pour ensuite lui en donner une. Depuis la création, l'homme renonça à la solitude. Son appétence pour une compagne incita le Tout-Puissant à créer Ève. L'Éternel l'amena vers Adam qui la prit pour femme (Genèse 2 :20-23). Bien-aimés, le Créateur a établi le mariage dans le jardin d'Éden. Jéhovah et les anges furent témoins de l'union d'Adam et Ève. Dès ce moment, le premier couple jouissait d'une vie maritale excellente, jusqu'au jour où le serpent les visita.

Suite à leur dialogue avec le serpent, Adam et Ève péchèrent contre leur Créateur. Dieu leur donna donc des lois qu'ils devaient respecter pour la bonne marche de leur foyer. Puis, il chassa l'homme du jardin d'Éden (Genèse 3 :23). Remarquons qu'avant la chute de l'homme, des règles sur le mariage existaient déjà (Genèse 2 :18 et 24). Maintenant qu'il était chassé du paradis, le premier couple allait expérimenter son mariage de manière différente. Le péché fit entrer la mort dans le premier mariage. Malheureusement, celui d'Éden a été perdu. Dieu l'a donné une fois et l'être humain ne l'a pas bien géré. De nos jours, le mariage entre l'homme et la femme est celui basé sur les lois données au premier couple avant la chute et sur d'autres principes bibliques présentés par la suite.

Aucun texte dans les Écritures ne nous informe qu'Adam et Ève se sont disputés, bagarrés, séparés ou ont été infidèles l'un à l'autre. Si leur vie maritale avait été tumultueuse, la Bible nous aurait prévenus. Ce couple a vécu un mariage paisible, car ils ont respecté les principes établis dans le livre de la loi. Le tableau suivant présente un résumé des principes bibliques pour l'homme et la femme mariés.

Tableau 8 : Résumé des principes bibliques pour l'homme et la femme mariés

		Homme	Femme
Ancien Testament	Avant la chute	Le Créateur a attesté que l'homme doit quitter ses parents et s'attacher à sa femme. (Genèse 2 :24)	La femme a été placée auprès de l'homme comme son aide. (Genèse 2 :18)
	Après la chute	L'Éternel a dit que l'homme dominera sur sa femme. (Genèse 3 :16) Dieu a déclaré à l'homme qu'il mangerait à la sueur de son front. L'homme devait travailler pour nourrir sa famille. (Genèse 3 :19)	Dieu a dit à la femme que ses désirs se porteront vers son mari. (Genèse 3 :16)
Nouveau Testament		Dieu a placé l'homme comme chef de la femme. (1 Corinthiens 11 :3) Dieu a donné l'ordre à l'homme d'aimer sa femme. (Éphésiens 5 :25)	La femme doit porter sur sa tête la marque de l'autorité de son mari. (1 Corinthiens 11 :10) La femme a reçu l'ordre de se soumettre à son mari comme au Seigneur. (Ephésiens 5 :22)

Bien-aimés, l'ennemi de votre mariage n'est pas votre femme ou votre mari, mais plutôt le serpent. Si celui-ci a pu s'infiltrer en Éden pour amener Adam et Ève à pécher contre le Seigneur, il en fera autant contre votre mariage. Dans la ruse le serpent sabota facilement l'union d'Adam au jardin d'Éden. Adam et Ève ont perdu le privilège dont ils jouissaient dans leur mariage. Suite à leur péché, le Tout-Puissant établit des lois, pour leur mariage et ensuite les chassa d'Éden. Ces lois ont permis à Adam et Ève de connaître leur position et leur rôle dans leur foyer. Malgré le fait qu'ils ont été chassés du jardin d'Éden, le serpent insatisfait les a suivis dans l'intention de nuire à leur foyer. Ce chérubin précipité des cieux détient des armes dont il se sert pour détruire les mariages. À présent, regardons certaines de ces armes exposées dans la Bible : l'*adultère,* les enfants conçus hors du foyer conjugal, les *dieux étrangers* et les esprits de Mamon.

10.2. L'ADULTÈRE

Dans cette section, nous aborderons la femme étrangère ainsi que la femme de Potiphar.

10.2.1. La femme adultère

L'*adultère* est une arme qu'utilise le diable pour détruire les mariages. Elle est définie comme une :

> « Violation du droit de fidélité entre époux. » (Le Petit Larousse illustré 2012, p. 19)

Dès qu'une personne possède en elle un esprit d'adultère, cette dernière sera infidèle. Lisons l'histoire de la femme étrangère dans le livre de Proverbes :

> « Viens, environs-nous d'amour jusqu'au matin, livrons-nous joyeusement à la volupté. Car mon mari n'est pas à la maison, il est parti pour un voyage lointain; il a pris avec lui le sac de l'argent, il ne reviendra à la maison qu'à la nouvelle lune. Elle le séduisit à force de paroles, elle l'entraîna par ses lèvres

douceureuses. Il se mit tout à coup à la suivre, comme un bœuf qui va à la boucherie, comme un fou qu'on lie pour le châtier, jusqu'à ce qu'une flèche lui perce le foie, comme l'oiseau qui se précipite dans le filet, sans savoir que c'est au prix de sa vie. Et maintenant, mes fils, écoutez-moi, et soyez attentifs aux paroles de ma bouche. Que ton cœur ne se détourne pas vers les voies d'une telle femme, ne t'égare pas dans ses sentiers. Car elle a fait tomber beaucoup de victimes, et ils sont nombreux, tous ceux qu'elle a tués. Sa maison, c'est le chemin du séjour des morts; il descend vers les demeures de la mort. » (Proverbes 7 :18-27)

Voici les leçons à tirer de ce texte. Tout d'abord, un couple qui passe toute la nuit à s'amouracher (Proverbes 7 :18), a besoin d'être délivré de cette anomalie. Ensuite, pendant que ces époux étaient ensemble dans leur maison, les esprits d'adultère ne se sont pas manifestés dans cette femme. Tout allait pour le mieux, la paix régnait dans le foyer. Du moment où le mari est allé en voyage d'affaires, les esprits d'adultère se sont levés contre cette dame et l'ont poussée à être infidèle à son mari. Certaines épouses ne savent pas se contrôler quand leur mari est absent. Durant le déplacement de leurs maris, ces dernières amènent des hommes souiller le lit conjugal. Celles-ci, aveuglées par les esprits d'adultère, ne se gênent pas du fait qu'il pourrait y avoir des enfants ou des voisins autour d'elles. Elles s'entêtent au prix de leur mariage sans tenir compte de la honte qui accable leur famille. Quand les hommes voient de telles scènes affecter le mariage de leur ami ou voisin, ils se demandent comment a-t-elle osé amener un amant dans le lit matrimonial? N'existe-t-il pas des hôtels ou des chambres de passe où elles pouvaient aller? Puisque la parole de Dieu traite de ce genre de situation, normalement de tels actes se produiront encore de nos jours.

Par ailleurs, il est possible qu'un homme soit coupable d'adultère. Plusieurs personnes, qui ont commis un tel affront, ont constaté la destruction de leur foyer et de leur réputation. Les esprits d'adultère ont publiquement humilié certaines personnalités très aimées du public. Le 42ᵉ président des États-Unis, Bill Clinton, le basketteur étoile Kobe Bryant et le golfeur de grande renommée Tiger Woods en sont quelques exemples. En plus, au travers de leurs chansons, plusieurs artistes encouragent les humains au péché de l'adultère. Je cite un artiste d'origine camerounaise du nom de Sergeo Polo qui a produit une chanson à succès : « *Le mari d'autrui est sucré* ». Je parie que tous ceux qui dansent au rythme de ses chanteurs finissent plus tard dans les filets de l'esprit d'adultère. Pourtant, la parole de Dieu déclare :

> « Mais celui qui commet un adultère avec une femme est dépourvu de sens, celui qui veut se perdre agit de la sorte. » (Proverbes 6 :32)

Manger le fruit de l'adultère n'entraîne que la détresse dans la vie de ceux qui pratiquent cette activité.

10.2.2. L'attirance vers un serviteur

Dans cette section, il sera question d'Abram et de la femme de Potiphar.

Saraï, l'épouse d'Abram lui proposa d'aller vers sa servante égyptienne Agar pour avoir un enfant (Genèse 16 :1-3). Abram pouvait bien refuser cette suggestion. En effet, Dieu lui avait déjà fait la promesse de lui donner une descendance (Genèse 15 :4). La proposition de la femme d'Abram peut être comparée au fruit qu'Ève donna à Adam. Abram était un homme aisé et puissant. Il jouissait du respect des rois. Malgré sa grande réputation et le nombre indéfini de ses richesses, les esprits d'adultère finirent par l'amener vers la servante de sa femme. Jusqu'à présent, l'acte qui se passa dans le foyer de Saraï continue d'avoir lieu. Des femmes retrouvent leurs maris au lit avec leur domestique, leur cuisinière ou la gardienne de leur enfant.

Le même cas semble tout aussi possible chez une épouse, comme nous le verrons pour la femme de Potiphar dans l'histoire suivante. Joseph se retrouva en Égypte comme esclave à l'âge de 17 ans. Potiphar, homme influent dans le gouvernement du Pharaon, prit Joseph comme serviteur dans sa maison. La femme de Potiphar, qui avait en elle les esprits d'adultère, porta ses regards sur le jeune serviteur de son mari. Un matin, après que Potiphar fut parti au travail, sa femme proposa à Joseph de coucher avec elle dans la maison conjugale (Genèse 39 :7-12).

Nous pouvons présumer que Potiphar avait déjà dépassé la quarantaine et sa femme également. Joseph était un garçon de courses, alors que Potiphar était un chef militaire, un homme respecté dans la nation. Comment avait pu se rabaisser sa femme à ce niveau? Pourquoi aller vers un serviteur qui ne pouvait être comparé à son mari?

Que constatons-nous dans cette condition? Tout d'abord, les esprits d'adultère avaient poussé cette femme vers Joseph. Cependant, il était plus jeune qu'elle et pouvait même être son fils. De plus, cette femme alla vers un homme qui n'avait pas le rang social de son mari. De même, l'esprit d'adultère la dirigea vers quelqu'un qu'elle embauchait dans sa maison. Ce qu'a vécu

Joseph dans la maison de Potiphar continue d'avoir lieu jusqu'à présent. L'esprit d'adultère amène les femmes mariées à tromper leur mari avec des gens que leurs époux emploient. Cet esprit amène des femmes à être attirées vers les jeunes hommes. Ce phénomène est très en vue dans notre société actuelle. Cela dit, les femmes mariées devraient prier contre cet esprit, avant que le diable ne s'en serve pour les humilier et détruire leur foyer. Quelle honte pour les membres d'une famille d'entendre que leur sœur a été répudiée par son mari pour avoir commis un adultère avec un homme à l'emploi de celui-ci! Qui aura le courage de plaider la cause de leur sœur auprès de cet homme?

10.3. LES ENFANTS CONÇUS HORS DU FOYER CONJUGAL

Dans Mathieu 1 :18 et 19, la Bible annonce que Marie était fiancée à Joseph. Celle-ci devint enceinte par la vertu du Saint-Esprit avant leur cohabitation. Donc, Marie était enceinte quand elle se maria. Elle cacha sa situation à Joseph. L'enfant, qu'elle portait, venait de l'Esprit de Dieu et non de son conjoint. Par après, Joseph fut au courant de cette grossesse et il y eut du tourment dans leur foyer.

Ainsi, certaines femmes étaient déjà enceintes d'un autre homme avant leur mariage, mais elles l'avaient caché à leur fiancé. Par contre, d'autres femmes conçoivent des enfants avec un homme différent de leur mari et font semblant que la grossesse qu'elles portent lui appartient. Il est fréquent que des hommes prennent soin d'enfants dans leur maison qui proviennent d'un autre parent biologique.

Mes sœurs, comment réagirez-vous le jour où votre mari saura qu'un des enfants vient des entrailles d'un autre homme? Mes frères, pourrez-vous avoir le cœur de Joseph pour ne pas diffamer votre femme? Dès que vous découvrirez qu'un des enfants sous votre toit appartient à quelqu'un d'autre, que ferez-vous? Serez-vous en mesure de vous taire pour sauver votre mariage? L'exemple de Joseph devrait tous nous enseigner. Dieu a fini par agir dans son foyer et la paix fut rétablie. De même, l'homme de Galilée interviendra dans votre mariage, quelles que soient les épreuves que vous traversez. Dans le cas où vous et votre douce moitié vous seriez secrètement séparés, la droite du Seigneur est assez puissante pour vous ramener l'un vers l'autre.

10.4. LES DIEUX ÉTRANGERS (GENÈSE 31 :33-35)

Lorsque Jacob partit de la maison de son beau-père Laban avec ses femmes et ses enfants, il s'établit brièvement à la montagne de Galaad. Dans ce lieu, il monta des tentes pour tout son clan. Poursuivi par son beau-père Laban, celui-ci le retrouva campant dans cette montagne. Laban accusa Jacob d'avoir amené avec lui ses dieux étrangers.

> « Rachel avait pris les théraphim, les avait mis sous le bât du chameau, et s'était assise dessus. Laban fouilla toute la tente, et ne trouva rien. Elle dit à son père : Que mon seigneur ne se fâche point, si je ne puis me lever devant toi, car j'ai ce qui est ordinaire aux femmes. Il chercha, et ne trouva point les théraphim. » (Genèse 31 :34-35)

Quand Rachel partit de la maison de son père avec son mari Jacob pour leur nouvelle localité, elle apporta les théraphim qui appartenaient à Laban. Ces dieux de son père l'avaient déjà aidé à lutter divinement contre sa sœur (Genèse 30 :8). Elle avait enfin eu un fils qu'elle nomma Joseph. Malheureusement, le foyer de cette maman était en proie à de nombreuses tribulations.

Pour maintenir sa place dans son mariage en tant que deuxième femme, Rachel s'était assise sur les fétiches qu'elle avait amenés de la maison de son père. En utilisant ces fétiches, elle pouvait tenir le cœur de Jacob, pour être plus proche de lui que ses autres épouses.

De nos jours, des épouses agissent comme Rachel dans leur foyer, au point d'affliger leur mari. Ainsi, des époux sont dominés par la chair de leur chair tout en ignorant que celles-ci utilisent des pouvoirs maléfiques pour les commander, les contrôler ou les endormir. Ces conjoints pensent que l'amour qu'ils ressentent vis-à-vis de leurs conjointes est réel. Ils sont inconscients du fait que leurs femmes ont recours à des pouvoirs des ténèbres pour tourner leur cœur vers elles. Bon nombre d'hommes et de femmes ont reçu des fétiches des mains de leurs parents au moment où ils allaient en mariage, pour les rassurer.

Du reste, Laban fouilla la demeure de Jacob pour récupérer ses dieux. Mes frères, peut-être que vous avez besoin de mettre votre maison sens dessus dessous pour savoir si votre femme camoufle des fétiches qu'elle utilise contre vous. Mes sœurs, faites-en autant pour vous rassurer que votre mari n'a placé aucun dieu étranger dans un coin de la maison.

Par ailleurs, le fait que Rachel était assise sur des théraphim indique que plusieurs femmes mariées ont hérité de la sorcellerie de leur famille. Celles-ci partent de la maison familiale pour leur foyer étant déjà des sorcières, cependant le mari n'en sait rien. Le foyer de Jacob était confronté à la présence de deux types de dieux : celui adoré par Jacob et celui servi par Rachel. Cette fille cadette de Laban était opposée à son mari étant donné leur différence spirituelle (Genèse 2 :18). Méconnaissant la vérité, cette dissemblance amena Jacob à maudire sa femme.

C'est ainsi que plus tard, Rachel trouva la mort en accouchant de Benjamin. Voici les conséquences néfastes que subissent les foyers lorsque des dieux étrangers sont servis par un des partenaires. La fin s'avère tragique pour ce foyer.

10.5. LES ESPRITS DE MAMON (PROVERBES 7 :20)

Les esprits de Mamon appartiennent également à la catégorie des forces utilisées par Satan pour troubler les familles. Certains foyers seraient en paix, si la transparence existait lors de la gestion des finances. Dans certains couples, cette situation a créé un manque de confiance au point où chacun doit gérer ses ressources sans que l'autre partie interfère. Dans ces foyers, le mari ne met pas l'œil sur ce que gagne sa femme et vice-versa. Chacun se préoccupe de ses charges personnelles. Chers frères et sœurs, Dieu a dit dans la Genèse :

> « [...] et ils deviendront une seule chair. » (Genèse 2 :24c)

Cette affirmation signifie qu'une fois mariés, vous devenez un. Ce qui vient de la femme appartient à l'homme tout comme ce qui est à l'homme revient à la femme. Bien-aimés, si vos revenus sont à vous seul et advenant que vous gardez vos possessions uniquement pour vous, sachez qu'en ce moment votre couple est formé de deux entités et non d'une seule. Ce genre d'attitude engendre des problèmes.

Dans Proverbes 7 :20, la femme déclare que son mari est parti avec le sac d'argent pour un voyage lointain. Cette dame savait quand son époux serait de retour. Cependant, elle ignorait où il allait exactement. Ainsi font certains hommes dans leur foyer. Une fois que survient un litige avec leur femme, ils se précipitent à la banque, vident les comptes et battent en retraite pour une destination inconnue. Croyant nuire à leur épouse, ils se font du mal à eux-mêmes. Il est fort possible que cet argent soit le fruit du travail de cette femme. J'imagine qu'il y eut une épreuve de force dans ce foyer avant que cet homme parte avec l'argent. Peut-être que cet homme utilisait sa femme comme une machine à sous. Elle travaillait durement et chaque fois que l'argent entrait, il s'en allait le gaspiller. Certains hommes sont mariés avec des femmes exclusivement pour leur fortune.

Mes frères, advenant que vous fassiez des activités hors de votre foyer avec les sommes acquises à la sueur du front de votre femme ou que vous utilisez votre avoir sans en informer votre épouse, vous serez en train de mal agir. À présent, maris et femmes, discutez de la situation financière de votre foyer en élaborant le plan de gestion de votre revenu. Chaque époux est invité à parler ouvertement l'un à l'autre. Le couple doit rassembler son avoir et planifier ses dépenses en vérifiant ensemble les entrées et les sorties d'argent.

Dans le même ordre d'idées, les épouses doivent être prudentes pour éviter le malheur qui survint à une femme d'entre les femmes des fils des prophètes dans 2 Rois 4 :1. Cet homme avait sans doute caché l'état de ses finances à son épouse. Quelle ne fut pas la surprise de celle-ci le jour où le créancier se présenta à sa porte pour réclamer ses deux enfants, dans le but de rembourser la dette de son défunt mari! Des gens perdent leurs propriétés parce qu'un des époux a contracté des dettes en mettant en gage leurs avoirs sans en glisser un mot. Le conjoint ou la conjointe dans l'ignorance est surpris le jour où la justice vient saisir sa richesse acquise avec tant d'effort.

Enfin, dans un foyer endetté, le couple doit être à la recherche de solutions. Bien-aimés, invoquez l'Éternel pour qu'ils vous viennent en aide. Le Dieu des miracles n'a pas changé. Comme il a nourri quatre mille personnes avec cinq pains et deux poissons, il agira pour vous. La section des prières ci-dessous vous aidera à vous lever contre les forces qui sont obstinées à ruiner votre mariage. Dieu livre ces forces entre vos mains. Traitez-les durement pour qu'elles soient ôtées de votre mariage.

10.6. SECTION DE PRIÈRES

1. Je frappe d'égarement l'ennemi de mon mariage, au nom de Jésus.
2. Je transforme en folie la ruse du serpent affectant mon mariage, au nom de Jésus.
3. J'écrase la tête du serpent localisé dans le corps de mon mari/ma femme, au nom de Jésus.
4. Je fais tomber les pierres sur les forces utilisant mon mari/ ma femme pour me détruire, au nom de Jésus.
5. Tout objet donné à mon mari/ma femme par un charlatan et utilisé pour m'envoûter, je détruis tes effets, au nom de Jésus.
6. Par les eaux de Noé, je détruis les forces qui détournent les désirs de mon mari/ma femme, au nom de Jésus.
7. J'amène les jugements sur les esprits de domination habitant le corps de mon mari/ma femme, au nom de Jésus.
8. Par le sang de Jésus, j'abolis les lois de la coutume gouvernant mon mariage, au nom de Jésus.
9. *Pour les hommes* : Toute puissance dans le monde des ténèbres, empêchant ma femme de m'être soumise, sois déshonorée, au nom de Jésus.
10. *Pour les hommes* : Toute puissance, m'empêchant d'aimer ma femme, sois lapidée, au nom de Jésus.

11. *Pour les femmes* : Toute puissance dans le monde de ténèbres, empêchant mon mari d'être la tête de notre foyer, sois déshonorée, au nom de Jésus.

12. *Pour les femmes* : Toute puissance, m'empêchant d'aimer mon mari, sois lapidée, au nom de Jésus.

13. Je lie et chasse les esprits d'adultère me faisant souiller le lit conjugal, au nom de Jésus.

14. *Pour les hommes* : Éternel, punis les esprits d'adultère donnant à ma femme le désir de coucher avec les hommes que j'emploie, au nom de Jésus.

15. *Pour les femmes* : Éternel, punis les esprits d'adultère donnant à mon mari l'envie de coucher avec les femmes que j'emploie, au nom de Jésus.

16. Éternel, juge les esprits d'adultère dans la vie des hommes/ des femmes qui convoitent mon épouse/mon époux, au nom de Jésus.

17. J'enchaîne les esprits d'adultère et de meurtre dans la vie des gens obstinés à souiller ma couche, au nom de Jésus.

18. *Pour les hommes* : Éternel, expulse hors de ma femme les esprits l'attirant vers les jeunes hommes, au nom de Jésus.

19. *Pour les femmes* : Éternel, expulse hors de mon mari les esprits l'attirant vers les jeunes demoiselles, au nom de Jésus.

20. *Pour les hommes* : Éternel, fais de ma femme une femme vertueuse, au nom de Jésus.

21. *Pour les femmes* : Éternel, fais de mon mari un homme de bien, au nom de Jésus.

22. Je brise la nuque des forces excitant ma langue à diffamer mon mari/ma femme, au nom de Jésus.

23. En ce jour, je mets fin à toute rupture secrète entre mon mari et moi/ma femme et moi, au nom de Jésus.

24. Ange de l'Éternel, apparais dans le rêve de mon mari/ma femme et donne-lui la solution nécessaire à notre mariage, au nom de Jésus.

25. Tout problème ayant suivi mon mari/ma femme de la maison de son père vers son foyer conjugal, perds ton contrôle, au nom de Jésus.

26. Puissance de la fondation de mon mari/ma femme, l'ayant enveloppé(e) pendant les fiançailles, sois déchirée, au nom de Jésus.

27. Par le sang de Jésus, je neutralise les accusations portées contre moi par mes beaux-parents, au nom de Jésus.

28. Esprit de sorcellerie consulté par mes beaux-parents, me harcelant jour et nuit, chancelle et tombe, au nom de Jésus.

29. Par le feu divin, je brûle les dieux étrangers, les fétiches ou les objets maléfiques introduits dans cette maison par mon mari/ma femme, au nom de Jésus.

30. Feu divin, brûle les fétiches sur lesquels mon mari/ma femme est assis(e), au nom de Jésus.

31. Feu divin, consume les puissances maléfiques qu'utilise mon mari/ma femme pour me combattre, au nom de Jésus.

32. Je brise les malédictions prononcées sur ma vie par mon mari/ma femme, au nom de Jésus.

33. Tout dieu étranger, adoré par mon mari/ma femme dans notre foyer, sois jeté dans la fosse aux lions, au nom de Jésus.

34. Éternel, délivre mon mariage des esprits de Mamon, au nom de Jésus.

35. Toute force qui amène mon mari/ma femme à dilapider de l'argent inutilement, va-t'en dans la vallée de l'ombre de la mort, au nom de Jésus.

36. Tout esprit dans le monde spirituel, parlant à mon mari/ma femme, sois jeté dans le feu, au nom de Jésus.

37. Tout esprit de sorcellerie, qui habite mes beaux-parents et me poursuit, sois enterré par le fossoyeur, au nom de Jésus.

38. Tout esprit de dette qui aimerait amener mon mari/ma femme à la tombe, laissez-le/laissez-la aller, au nom de Jésus.

39. Je disgracie les pouvoirs qui veulent que mes enfants, mes biens et mes propriétés me soient enlevés en raison de la dette contractée par mon mari/ma femme, au nom de Jésus.
40. Ô Seigneur, délivre mon mariage et ma famille du pouvoir des dettes, au nom de Jésus.
41. Puissance miraculeuse de Dieu qui a sauvé les fils de la veuve des mains du créancier, libère-nous, au nom de Jésus.
42. Tout esprit de dette qui aimerait que mon mari/ma femme meure afin de me faire souffrir sur cette terre des vivants, tombe et ne te relève plus, au nom de Jésus.
43. Je ferme la porte de ma maison à tout étranger venant chez moi en mon absence jouer avec ma femme/mon mari, au nom de Jésus.

Chapitre XI

LES FORCES QUI DÉTRUISENT LES MARIAGES (PARTIE 2)

L es enseignements sur les forces qui détruisent les mariages se présentent comme des sonnettes d'alarme de la part de l'Éternel pour nous permettre d'améliorer les relations dans nos foyers et de combattre l'ennemi, qui s'oppose à la paix dans notre mariage.

11.1. La dissemblance

Dieu est le fondateur du mariage, c'est pourquoi il déclare dans sa parole :

> « L'Éternel Dieu dit: Il n'est pas bon que l'homme soit seul; je lui ferai une aide semblable à lui. »
> (Genèse 2 :18)

Bien-aimés, il est possible que vous et votre partenaire ne soyez pas semblables. Vous devriez faire des efforts dès maintenant pour y parvenir. Sinon, votre dissemblance ouvrira une porte à l'ennemi. Les foyers où les couples sont contraires correspondent à des territoires vaincus par le serpent. Être semblable l'un à l'autre ne signifie aucunement évoluer tous les deux dans une même carrière professionnelle, d'aller dans la même église ou d'avoir envie de prendre part aux mêmes activités. Ce dont Dieu fait allusion dans Genèse 2 :18 est que l'esprit qui est à l'intérieur d'un époux devrait être le même que celui de son épouse.

Lorsqu'une femme possède en elle l'esprit de Jésus-Christ et que son compagnon a le même esprit, ces deux personnes sont semblables. Il se peut qu'une des parties dans un couple ait l'esprit de Dieu, tandis que l'autre ne l'a pas, comme le cas pour Jacob et Rachel. Malgré l'attirance physique que ces deux éprouvaient l'un pour l'autre, l'esprit au-dedans de chacun faisait d'eux des êtres différents. Il eut de la discorde dans leur foyer. Dans Genèse 30 :1, Rachel, la fille de Laban, menace Jacob de se suicider s'il refuse de lui donner un enfant. À cet instant, elle n'agissait plus comme une aide auprès de son mari. Dans ce type de situation, l'esprit impur à l'intérieur d'une des parties doit être chassé pour que l'esprit de Dieu prenne place.

Bien-aimés, puisse Jésus-Christ être la pierre angulaire de votre mariage, le rocher sur lequel tous les époux doivent se tenir. Ainsi, le couple priera régulièrement l'un avec l'autre et amènera leurs différents devant l'Éternel. Les conjoints étudieront ensemble la parole de Dieu et agiront conformément selon ce qui y est écrit. Une femme sera patiente avec son mari alors que celui-ci aura pour elle douceur et tempérance.

Dans ce chapitre, nous verrons de nouveaux éléments dont se sert notre adversaire pour créer la zizanie dans les foyers. Le livre de la loi est la vie pour nos âmes ainsi que pour tout ce qui nous concerne. Dans sa parole, le Seigneur promet de faire de nos ennemis notre marchepied, à la seule condition que nous soyons à sa droite. Dans les prochaines sections, il sera question du manque d'affection, de la désobéissance, de la famille, du mariage par enlèvement et du manque d'*attraction*.

11.2. Le manque d'affection

Il y a quelques années, une sœur m'annonça qu'elle avait un manque d'affection pour son mari. Elle me confia qu'elle ressentait l'envie de le poignarder chaque fois qu'il s'approchait d'elle. Je lui ai conseillé d'aller rapidement à la délivrance, ce qu'elle fit. Je revis cette femme quelques jours plus tard, elle était complètement changée. Elle m'apprit qu'après la séance de prière de délivrance, elle vit un oiseau sortir de sa maison alors qu'elle entrait chez elle. Depuis ce temps, son affection envers son mari fut rétablie. Le désir de poignarder ce dernier avait disparu.

> « [...] dépourvus d'intelligence, de loyauté, d'affection
> naturelle, de miséricorde. » (Romains 1 :30-31)

Vous savez, le manque d'affection exprime l'état dans lequel un homme ou une femme éprouve un désintéressement pour son conjoint ou pour sa conjointe. Le lien spirituel qui liait ces personnes, tel que le décrit Genèse 2 :24, n'existe plus. Le diable l'a brisé. Lorsque l'affection dans un couple a disparu, il y aura un manque d'amour entre les conjoints. Les cœurs de ces personnes seront attristés. Elles passeront leur temps à s'accuser. Un homme prendra plaisir à critiquer régulièrement sa femme et à se disputer constamment avec elle. De son côté, la femme aura les yeux fixés sur les défauts de son mari. À la fin, l'un des partenaires pourrait être abandonné, délaissé ou répudié à cause du manque d'affection.

Dans les deux sections suivantes, nous constaterons comment les
œuvres et les paroles obscures peuvent être la cause du manque
d'affection.

11.3. LES ŒUVRES

> « Ayez pour eux beaucoup d'affection, à cause de leur
> œuvre. Soyez en paix entre vous. » (1 Thessaloniciens
> 5 :13)

Les œuvres des conjoints peuvent les rapprocher ou les éloigner
l'un de l'autre. Lorsqu'un homme cesse de prendre soin de sa
femme et vice-versa, cette attitude peut entraîner le manque
d'affection dans un foyer.

Bien-aimés, vos actions peuvent changer votre mariage. L'estime
des époux dépendra des initiatives de chacun. Un partenaire qui
passe moins de temps avec sa compagne, se confie davantage à
ses amis, porte moins d'attention à l'autre, oublie constamment
ses propos, considère moins ses opinons ou apprécie peu
les efforts qu'elle fournit, sera privé de l'affection de la part
de sa douce moitié. Au contraire, dans un couple où les
conjoints multiplient les gestes positifs l'un envers l'autre, leur
attachement se verra augmenté. La paix régnera ainsi dans leur
mariage.

11.4. LES PAROLES OBSCURES

> « Que nul ne conserve pour lui d'affection, et que
> personne n'ait pitié de ses orphelins. » (Psaumes 109 :12)

Dans ce psaume, David, le fils d'Isaï, implore le Seigneur d'agir
contre son adversaire. Le jugement, que le roi David demande

à son Créateur d'apporter contre son opposant, s'exprime de la manière suivante : que nul ne conserve pour lui de l'affection. Dans ce passage, David désire que son Dieu incite les personnes qui entourent son ennemi à le haïr. Dieu avait pour mission d'empêcher son conjoint ou sa conjointe et ses enfants de l'aimer. En un mot, le Seigneur allait détruire le foyer de l'ennemi de David, en utilisant le manque d'affection comme une arme.

Dans un couple, le manque d'affection peut être causé par des forces spirituelles. Quand les gens veulent ruiner un individu, ils prononcent des paroles obscures contre son union. Ces méchantes personnes crient vers leurs divinités ou les invoquent afin qu'elles endommagent l'attachement qu'une personne possède pour son partenaire. Ce partenaire agira inconsciemment sous l'influence d'un démon.

Dans le livre d'Ésaïe 54 :7, la parole déclare :

> « Quelques instants je t'avais abandonnée, mais avec une grande affection je t'accueillerai. »

Dieu proclame la restauration des foyers qui ont été détruits par le défaut d'affection. Ces foyers seront rétablis par la puissance de Dieu. L'époux qui avait quitté son épouse pour un certain temps reviendra vers elle avec une grande affection et vice-versa. L'Éternel introduira dans chacun le désir d'accueillir l'autre.

Chère sœur, cher frère, avec Dieu tout est possible. Dès que vous constatez un manque d'attraction entre vous et votre partenaire, ayez immédiatement recours à Dieu. Il enverra une grande affection dans votre foyer pour y restaurer la paix.

11.5. LA DÉSOBÉISSANCE

> « Mais la reine Vasthi refusa de venir, quand elle reçut par les eunuques l'ordre du roi. Et le roi fut très irrité, il fut enflammé de colère. » (Esther 1 :12)

De prime abord, la désobéissance est une force utilisée par le malin pour rompre les mariages. Lorsqu'une épouse désobéit à son mari, elle met en péril son mariage. C'est ce qui arriva à la reine Vasthi. Le roi Assuérus organisa un festin pour ses princes et ses serviteurs. Il fit appeler la reine afin qu'elle soit présentée au peuple et aux grands. Vasthi refusa de venir et son comportement aviva la colère du roi. Après avoir consulté les anciens pour savoir quelle sentence prendre suite à la conduite de la reine, le roi Assuérus congédia sa femme pour en épouser une autre (Esther 1 :19).

Pourquoi la résolution du roi a-t-elle été si sévère?

Premièrement, nous remarquerons que le roi Assuérus décida de destituer sa femme sous l'influence de la colère. En effet, il s'est senti publiquement humilié par elle. Il était encore en fureur au moment où la décision fut prise. Plus tard, quand il s'était adouci, ses pensées se tournèrent vers celle que son cœur avait aimée. Le roi regretta d'avoir répudié sa femme dans la précipitation (Esther 2 :1).

Deuxièmement, les sages du roi l'encouragèrent à se départir de la reine Vasthi, malgré le fait qu'il lui revenait le choix de décider de la renvoyer ou pas. Les gens, qui agissent dans la colère et suite à de mauvais conseils, finissent le plus souvent par regretter leur geste. Toutefois, bien-aimés, dans le cas de votre mariage, la meilleure façon d'agir est de consulter le Seigneur après que votre irritation soit passée.

Troisièmement, l'acte de la reine envers son mari était décevant. Toutefois, avant de juger le comportement de la reine, dans quel état se trouvait le roi au moment où il fit appel à sa femme :

> « Le septième jour comme le cœur du roi était réjoui par le vin […] » (Esther 1 :10a)

Quand le monarque ordonna à ses eunuques de faire venir la reine Vasthi, son cœur était ravi par le vin. Sa Majesté était ivre. C'est dans cet état d'ivresse qu'il voulut présenter la reine au peuple, ce qui déplut à cette dernière. L'enivrement du roi poussa Vasthi à lui désobéir. Au moment où le sire prit sa décision, il avait oublié qu'il était sous l'effet de boissons enivrantes. Il voyait uniquement le fait que sa femme l'avait déshonoré devant ses invités, sans chercher à comprendre la cause de cette désobéissance.

Nous comprenons que les hommes qui s'adonnent à l'alcool vivent des situations semblables dans leur foyer. Tandis qu'ils se plaignent des comportements de leurs épouses, ils refusent d'abandonner les liqueurs fortes. C'est quand ils sont en état d'ébriété qu'ils veulent causer avec leurs femmes. Malheur à ces dernières si elles déçoivent leurs maris qui sont ivres.

Malheureusement, les boissons fortes ont contribué à la chute de plusieurs mariages. Aussi, certaines ont manqué de patience envers leurs maris dans ce domaine. Supposons que la reine Vasthi avait tout simplement obéi à son mari, malgré son état d'ivresse, le roi serait resté marié à elle. Ma sœur, la désobéissance est aussi condamnable que la divination (1 Samuel 15 :23). En quelque sorte, la désobéissance est de la sorcellerie manifestée par la chair et non pas par l'utilisation des forces démoniaques. Au meilleur de votre capacité, obéissez à votre mari quand bien même il vous aurait provoqué. Ensuite, une fois qu'il est sobre, vous pouvez le reprendre avec amour sur son comportement désagréable. L'affection d'un homme envers sa douce se verra redoublée si elle agit ainsi (2 Corinthiens 7 :15).

11.6. LA FAMILLE

La famille est une force non négligeable qu'utilise l'ennemi pour détruire les mariages. Lisons l'histoire du juge Samson lors de son mariage :

> « Le père de Samson descendit chez la femme. Et là, Samson fit un festin, car c'était la coutume des jeunes gens. Dès qu'on le vit, on invita trente compagnons qui se tinrent avec lui. Samson leur dit : Je vais vous proposer une énigme. Si vous me l'expliquez pendant les sept jours du festin, et si vous la découvrez, je vous donnerai trente chemises et trente vêtements de rechange. » (Juges 14 :10-12)

Samson et ses parents descendirent à Thimna, ville où demeurait la femme dont il s'était épris. À son arrivée, ce juge fit une fête de sept jours, comme ce fut la coutume chez ce peuple. Les beaux-parents de Samson invitèrent leur famille à participer au mariage de leur fille. Pendant les cérémonies de mariage, les beaux-frères de Samson vinrent lui tenir compagnie. Le marié leur proposa une énigme. Les conditions du jeu étaient les suivantes : Samson remettrait à ses beaux-frères trente chemises et trente vêtements de rechange s'ils trouvaient la réponse à l'énigme. Dans le cas contraire, il reviendrait aux beaux-frères de Samson de lui livrer trente chemises et trente vêtements de rechange (Juges 14 :13).

Toujours dans le livre des Juges 14, au verset 15, les frères de la femme de Samson vinrent lui demander de persuader son mari de leur expliquer l'énigme, faute de quoi, ils la brûleraient ainsi que la maison de son père. Aux versets 16 et 17, la Bible expose les détails sur ce que fit cette femme pour avoir l'information. Une fois avisée par son mari de l'énigme, elle divulgua le secret à ses frères. Cette trahison entraîna la colère de Samson. La situation alla de mal en pis. Samson remit à ses beaux-frères les trente chemises et les trente vêtements qu'il obtint en tuant trente hommes et les dépouillant en suite. Il retourna furieux dans la maison des siens, sans sa femme. Plus tard, celle-ci fut donnée à l'un des compagnons avec lequel Samson était lié (versets 19 et 20).

Voici les leçons à tirer de ce qui arriva à Samson et à son épouse. La femme de Samson était davantage attachée aux enfants de son peuple qu'à son mari. En effet, elle écouta la voix des membres de sa famille davantage que celle de Samson. De plus, elle leur livra le secret de Samson au lieu de le défendre et de garder son énigme confidentielle. Les gens de Thimna utilisèrent la femme de Samson à leur avantage. Ses frères se préoccupaient davantage des vêtements que devait leur apporter Samson qu'au bien-être de leur sœur. Par manque de sagesse, l'épouse de Samson le tourmenta et le menaça au bénéfice de sa famille. Elle cacha à son mari les menaces que lui firent les gens de son peuple, une attitude qui mit en danger sa vie et celle de ses parents. Enfin, elle se plia aux exigences de ses parents en allant avec l'ami de son mari sans penser aux conséquences de son acte.

Hélas, la fin de leur mariage fut tragique. Samson détruisit les plantations des Philistins. Pour se venger, les habitants

de Thimna brûlèrent la femme de Samson et son beau-père
(Juges 15 :5-6). La parole prononcée par les fils des Thimniens
s'accomplit contre l'épouse de Samson (Juges 14 :15).

Bien-aimés, votre mariage peut être une occasion de chute pour
vous et pour la maison de votre père. Épargnez vos parents de
ce qui se passe dans votre foyer. Votre couple n'est pas un livre
ouvert. Par exemple, vos proches ont-ils besoin d'être informés
de l'incontinence de votre partenaire?

Pour revenir à l'histoire de Samson, sa femme fut dotée à
deux reprises. Tout d'abord par Samson, ensuite par son ami
qui finit par aller vers elle. C'est avec désinvolture que ses
parents gardèrent la dote obtenue de leur premier gendre. Ils
proposèrent à leur beau-fils de lui donner en échange la jeune
sœur de son épouse.

Mes sœurs, si vous laissez vos parents prendre plusieurs dotes
sur vous, pour différents hommes, vous risquez de finir comme
la femme de Samson. Cette dame n'a jamais joui de son premier
ni de son second mariage. Pourquoi permettre à vos parents de
détruire votre mariage par avarice? Mes frères, avez-vous épousé
une femme qui avait déjà été dotée par un autre homme sans
restituer la dote? Vous feriez mieux de remédier à cette situation
qui peut devenir une pierre d'achoppement dans votre foyer.

11.7. LE MARIAGE PAR ENLÈVEMENT

Une sœur, pour laquelle je priais, m'expliqua de quelle manière
une malédiction fut placée sur sa lignée familiale par ses arrières
grands-parents. Elle me raconta que sa grand-mère s'est mariée
sans que son grand-père ait rencontré les parents de sa future
épouse, donc de sa mamie. Dès que les parents de sa grand-mère

apprirent que leur fille s'était mariée sans les consulter, ils prononcèrent des malédictions sur leur nouveau gendre.

Maintenant, lisons la parole de Dieu dans le livre de Juges au chapitre 21 :

> « Puis ils donnèrent cet ordre aux fils de Benjamin :
> Allez, et placez-vous en embuscade dans les vignes.
> Vous regarderez, et voici, lorsque les filles de Silo
> sortiront pour danser, vous sortirez des vignes, vous
> enlèverez chacun une des filles de Silo pour en faire
> votre femme, et vous vous en irez dans le pays de
> Benjamin. Si leurs pères ou leurs frères viennent
> se plaindre auprès de nous, nous leur dirons:
> Accordez-les-nous, car nous n'avons pas pris une
> femme pour chacun dans la guerre. Ce n'est pas
> vous qui les leur avez données; en ce cas, vous seriez
> coupables. » (Juges 21 :20-22)

Précédemment, un acte de violence avait été posé sur la femme d'un Lévite à Guibea de Benjamin. Suite à ce geste, il y eut un conflit entre les tribus d'Israël et la tribu de Benjamin (Juges 20 :4-14). Les Benjamites refusèrent de livrer les pervers, pour que le mal soit ôté en Israël. Ils optèrent plutôt d'aller en guerre, mais perdirent la bataille. À la fin des hostilités, le peuple d'Israël dédaigna de donner leurs filles pour épouse à un Benjamite. Plus tard, les Israélites éprouvèrent du repentir au sujet de la tribu de Benjamin, leur frère. Pour empêcher que cette tribu soit retranchée d'Israël, les anciens d'Israël décidèrent de procurer des femmes aux Benjamites, qui avaient survécu au combat.

Par la suite, les anciens d'Israël donnèrent aux Benjamites l'ordre de se placer en embuscade dans les vignes et de prendre une seule femme pour épouse. Lorsque les filles de Silo sortiraient pour danser, chacun émergerait des vignes et emporterait une des filles de Silo pour qu'elle devienne sa femme. Puis, ils retourneraient dans leur pays.

Les Benjamites regardèrent attentivement avant d'enlever celles qu'ils auraient choisies. Par ailleurs, les filles de Siloé, qui sortirent danser, ignoraient qu'elles avaient été données en mariage par les anciens. Ils avaient décidé du sort de ces demoiselles sans leur avis ou celui de leurs parents. Des hommes s'étaient placés en embuscade pour les amener dans leur pays sans qu'elles disent au revoir à leur famille. Ces dames devaient partir en mariage sans l'assurance de revoir leur famille un jour. Les parents de ces filles apprendront par d'autres sources ce qui avait été décidé par les anciens. Toute chance de revoir leurs filles ou rencontrer leurs beaux-fils était perdue. Les plaintes ou les revendications de la parenté de ces jeunes femmes contre les hommes de Benjamin auraient été inutiles. En effet, les anciens prenaient sur eux-mêmes la responsabilité de cette décision.

Ce jour-là, ces demoiselles laissaient définitivement leur maison familiale. Elles quittaient la maison de leur père pour leur foyer conjugal par un complot, sans cris de joie et de tambourins. Par contre, les hommes de Benjamin, heureux de se procurer des femmes, agissaient sur l'ordre des anciens. Les Benjamites étaient exempts de péché. Cet enlèvement était le mode de mariage qui leur avait été accordé.

Enfin, le mariage par enlèvement tire ses racines de cette histoire. De nos jours, des gens se placent en embuscade dans les églises, les écoles, les universités, les entreprises, les boîtes de nuit, les lieux publics, etc., dans le but d'enlever une femme pour l'épouser. Un mariage est consommé sous la base d'un enlèvement quand le mari épouse une femme sans consulter ses parents, ni avant ni après le mariage. Ce couple aura ouvert une porte par laquelle le diable passera pour détruire leur foyer. Cet individu sera considéré comme un voleur. Les parents de la femme seront très mécontents de leur gendre. Quoi qu'il en soit, les gens qui se sont mariés de cette manière devront retourner voir leur belle famille et leur donner la dote. Ainsi, ils éviteront une malédiction qui pourra affecter leurs enfants plus tard.

Comme ce qui arriva à ces jeunes filles de Siloé, certaines femmes sont sorties de la maison de leurs parents un jour et n'y sont jamais retournées ou n'ont plus été revues par leur famille. Elles se sont mariées sans informer leurs parents et ne sont pas retournées présenter leurs maris à leurs familles.

Ma sœur, ce qui arriva aux filles de Siloé peut être similaire à votre situation. Malgré tout, mieux vaut tard que jamais, comme dit l'adage. Que votre mari et vous retourniez voir vos parents pour résoudre ce mal. La grâce de Dieu vous accompagnera.

11.8. LE MANQUE D'ATTRACTION

Par définition, l'*attraction* est :

> « La force en vertu de laquelle un corps est attiré par un autre. » (Le Petit Larousse Illustré 2012, p. 82)

Il peut arriver à une femme de manquer d'attachement envers son mari. L'inverse existe également. Une personne peut ressentir le dégoût pour le corps de son partenaire. Beaucoup de raisons peuvent être données par chacun pour défendre sa position. Chaque année, l'industrie des cosmétiques amasse des millions de dollars grâce au public qui utilise les multiples produits de beauté pour modifier leur corps physique, sous prétexte de prendre soin de leur apparence. De surcroît, certains partenaires se laissent aller lorsqu'ils savent qu'ils sont en couple.

À présent, lisons ce verset du livre d'Ésaïe :

> « Il s'est élevé devant lui comme une faible plante, comme un rejeton qui sort d'une terre desséchée; Il n'avait ni beauté, ni éclat pour attirer nos regards, et son aspect n'avait rien pour nous plaire. » (Ésaïe 53 :2)

Dans ce verset, deux mots sont mentionnés pour qualifier ce qui peut attirer les regards : la beauté et l'*éclat*. La beauté se réfère à la partie physique, alors que l'éclat renvoie à la partie spirituelle.

Maintenant, attardons-nous sur chacun de ces mots, en commençant par la beauté.

> « [...] Il n'avait ni beauté [...] » (Ésaïe 53 :2b)

Lorsqu'une femme est belle, elle attirera son mari vers elle, et vice-versa. L'envie de séduire l'être aimé peut motiver à prendre soin de son corps en faisant de l'exercice, en se parant de bijoux, de parfums, d'eau de Cologne ou de mèches. Mais au fait, à quoi ressemble votre partenaire sans artifice, maquillage, parfum, bijoux ou vêtements griffés? Dans le Psaume 139 :14, David dit à l'Éternel :

> « Je te loue de ce que je suis une créature si merveilleuse. Tes œuvres sont admirables, et mon âme le reconnaît bien. »

Bien-aimés, vous êtes une œuvre de l'Éternel admirable et une créature merveilleuse. La situation que vous traversez est peut-être ce qui fait que votre mari ou femme ne vous trouve plus attirants.

> « [...] ni éclat pour attirer nos regards [...] » (Ésaïe 53 :2b)

En ce qui concerne l'*éclat*, il est défini comme :

> « Le fait de briller; l'intensité d'une lumière et la qualité de ce qui s'impose à l'admiration. » (Le Petit Larousse Illustré 2012, p. 370)

Lisons ce que déclare le psalmiste au Psaume 21 :

> « Sa gloire est grande à cause de ton secours; Tu places sur lui l'éclat et la magnificence. » (Psaumes 21 :6)

L'éclat est la lumière que le Seigneur met dans ses disciples pour briller, être célèbre ou populaire; ce qui attirera les regards vers la personne. Cette clarté est donnée à travers la puissance de la parole de Dieu, qui est manifestée dans la vie du chrétien. Satan offre également un genre d'éclat, mais il est différent. Quand un individu s'éloigne de Jésus, il ne rayonne plus. Alors, les regards de son conjoint seront détournés de lui. Cette absence de lumière créera le trouble dans son mariage.

Bien-aimés, si votre partenaire n'est plus attiré par vous malgré tous les efforts que vous aurez fournis pour captiver ses regards, cherchez à être éclairé par la lumière de Dieu, vous la trouverez dans les jeunes, la prière et en servant l'Éternel. Certainement, vous verrez la situation s'améliorer.

11.9. LA MALÉDICTION

La malédiction est un des chemins par lequel passe l'adversaire pour détruire les mariages. Lisons ce que dit la parole dans le livre d'Amos :

> « Alors Amatsia, prêtre de Béthel, fit dire à Jéroboam, roi d'Israël : Amos conspire contre toi au milieu de la maison d'Israël; le pays ne peut supporter toutes ses paroles. Car voici ce que dit Amos : Jéroboam mourra par l'épée, et Israël sera emmené captif loin de son pays. » (Amos 7 :10-11)

À l'époque du roi Jéroboam, Israël s'était détourné de l'Éternel pour servir des dieux étrangers. Ce que ces prêtres faisaient était mal selon l'Éternel. C'est la raison pour laquelle Dieu envoya le prophète Amos, un homme de Dieu, leur parler en son nom. Les reproches d'Amos déplurent à Amatsia, le prêtre de Béthel. Ce prêtre alla accuser l'homme de Dieu auprès du roi Jéroboam. Amatsia voulait à tout prix empêcher Amos de prophétiser au nom de l'Éternel. Alors, il lui demanda de s'en aller dans le pays de Juda pour faire ses prophéties.

À présent, lisons la réponse du prophète Amos à Amatsia, prêtre de Bethel :

> « À cause de cela, voici ce que dit l'Éternel : Ta femme se prostituera dans la ville, tes fils et tes filles tomberont par l'épée, ton champ sera partagé au cordeau; et toi, tu mourras sur une terre impure, et Israël sera emmené captif loin de son pays. » (Amos 7 :17)

La réponse du sacrificateur Amos au prêtre de Béthel, suite à ses menaces, fut le jugement que l'Éternel rendit contre ce prêtre, contre sa famille et contre Israël. À travers la bouche de son serviteur, Dieu prononça une sentence contre le mariage du prêtre de Béthel en déclarant que sa femme devait se déshonorer dans la ville. Pour détruire le mariage de ce prêtre, Dieu avait choisi de transformer sa femme en une *prostituée* dans la cité où il vivait.

Une *prostituée* est :

> « Une personne qui se livre à la prostitution; un acte par lequel une personne consent à des rapports sexuels contre de l'argent. » (Le Petit Larousse Illustré 2012, pp. 886-887)

Pour revenir à notre histoire, dès que la parole fut prononcée, l'épouse d'Amatsia erra dans la ville de Béthel, livrant son corps à la débauche. Cette dernière ne comprenait pas que son mari était à l'origine de cette prostitution. Je pense que ce prêtre, blessé dans son orgueil, trouva difficile de savoir que sa femme couchait ailleurs. Tous ses efforts pour retenir son épouse étaient inutiles, car c'était la main de Dieu qui se retournait contre son union.

À l'instar de ce prêtre, voici ce que vivent les couples dans leur foyer. Certains hommes répudient leurs femmes à cause de leur infidélité. Tous les moyens qu'ils ont essayés pour arrêter cette dernière n'ont point fonctionné. Ces hommes ne savent pas qu'ils sont la cause même de cette situation. Ils oublient qu'une malédiction a été jetée sur leur femme, à cause de leur comportement. Mesdames, lorsque vos maris courent après d'autres femmes, divorcer n'apportera aucune solution.

Cherchez à savoir si vous êtes victime d'une malédiction faisant suite à vos actions passées. En ce qui touche nos églises, des épouses de pasteurs se livrent à des actes sexuels avec les membres de la congrégation; des maris sont épris de femmes dans leur communauté. Néanmoins, personne ne discerne qu'une malédiction est à l'origine de leur chute.

Bien-aimés, les prières ci-dessous permettront à l'Éternel de délivrer votre mariage du malin. Je prie que sa volonté soit faite dans votre foyer.

11.10. SECTION DE PRIÈRES

1. Éternel, répands dans mon cœur de l'amour pour mon mari/ma femme, au nom de Jésus.
2. Colère divine, disperse les esprits qui éloignent de mon cœur l'amour que j'ai pour mon mari/ma femme, au nom de Jésus.
3. Éternel, rétablis la fondation de mon mariage, au nom de Jésus.
4. Je rends sans force les esprits assis dans la fondation de mon mariage, au nom de Jésus.
5. Puissance divine, fais de mon mari/ma femme une aide semblable à moi, au nom de Jésus.
6. Puissance divine, fais de moi une aide semblable à mon mari/ma femme, au nom de Jésus.
7. Tout esprit habitant mon mari/ma femme, différent de l'esprit de Christ en moi, sois expulsé, au nom de Jésus.
8. Tout esprit habitant mon corps, différent de l'esprit de Christ existant dans mon mari/ma femme, sois délogé, au nom de Jésus.
9. Arrache, Seigneur, les forces qui préviennent la paix de régner dans mon foyer, au nom de Jésus.

10. Tout problème dans mon foyer incitant mon mari/ma femme à se suicider, sois persécuté et sois humilié, au nom de Jésus.

11. Je lie les esprits de suicide opérant dans la vie de mon mari/ma femme, au nom de Jésus.

12. Tout démon qui empêche mon mari/ma femme de quitter son père ou sa mère pour s'attacher à moi, sois sans force, au nom de Jésus.

13. Roi des rois, rétablis l'attachement qui a été rompu entre mon mari/ma femme et moi, au nom de Jésus.

14. Éternel, ruine les baisers d'affection de ceux qui convoitent mon mari/ma femme dans leur cœur, au nom de Jésus.

15. Mon mari/ma femme et moi serons plein d'affection l'un pour l'autre, au nom de Jésus.

16. Je lie et chasse les esprits envoyés pour empêcher mon mari/ma femme de conserver de l'affection pour moi, au nom de Jésus.

17. J'annule les paroles obscures ravageant l'affection entre mon mari/ma femme et moi, au nom de Jésus.

18. J'annule les enchantements prononcés contre mon mariage, au nom de Jésus.

19. J'enchaîne les esprits de désobéissance entêtant mon mari/ma femme, au nom de Jésus.

20. Je confonds le langage des sages de mon village et du monde spirituel réunis pour nuire à mon mariage, au nom de Jésus.

21. Feu divin, consume l'affection de la chair dans mon foyer, au nom de Jésus.

22. *Pour les hommes :* Voix de l'Éternel, brise l'affection du mari esprit dans la vie de ma femme, au nom de Jésus.

23. *Pour les femmes :* Voix de l'Éternel, brise l'affection de la femme esprit dans la vie de mon mari, au nom de Jésus.

24. Homme de Galilée, multiplie l'affection entre mon mari/ma femme et moi, au nom de Jésus.

25. Par une grande affection, j'accueille mon mari/ma femme abandonné(e) ou délaissé(e), au nom de Jésus.

26. Tout dieu étranger, invoqué pour rompre l'affection entre mon époux/mon épouse et moi, mange tes excréments et bois tes urines, au nom de Jésus.

27. J'humilie les paroles de la bouche confessant le mal contre mon mariage, au nom de Jésus.

28. Tout esprit dans les eaux, détournant l'affection de mon mari/ma femme de moi, sois mordu par le serpent divin, au nom de Jésus.

29. Les malédictions sans cause prononcées sur mon mariage n'auront point d'effet sur moi, au nom de Jésus.

30. Éternel, change la malédiction prononcée sur mon mari/ma femme en bénédiction, au nom de Jésus.

31. *Pour les hommes :* Je fais tomber par l'épée la puissance de ceux qui déclarent que ma femme sera une prostituée, au nom de Jésus.

32. *Pour les femmes :* Je fais tomber par l'épée la puissance de ceux qui déclarent que mon mari sera un prostitué, au nom de Jésus.

33. Brise, Éternel, les malédictions prononcées sur mon mari/ma femme à cause de mes œuvres, au nom de Jésus.

34. Anges de l'Éternel, frappez les esprits de prostitution qui ruinent mon foyer, au nom de Jésus.

35. Tout démon dans la partie honteuse de mon mari/ma femme, va dans les lieux arides, au nom de Jésus.

36. Cette ville ne sera pas une pierre d'achoppement ou une fournaise de fer pour mon mariage, au nom de Jésus.

37. Je te loue, Éternel, que mon mari/ma femme est une créature si merveilleuse, au nom de Jésus.

38. Ô Seigneur, place sur mon mari/ma femme l'éclat et la magnificence, au nom de Jésus.

39. Lève-toi, Seigneur, et attire mon mari/ma femme vers moi, au nom de Jésus.

40. Mon mari/ma femme étendra ses regards vers moi pour me soutenir, car mon cœur est tout entier à lui/à elle, au nom de Jésus.

41. Ô Seigneur, donne-moi les qualités qui attireront les regards de mon mari/ma femme, au nom de Jésus.

42. Je démolis les abominations qui attirent les regards de mon mari/ma femme, au nom de Jésus.

43. Fais taire, Éternel, les bouches qui se plaignent de mon mariage, au nom de Jésus.

44. Je démolis la fondation des mariages par enlèvement dans ma famille, au nom de Jésus.

45. Détourne, Éternel, les pieds de mon mari/ma femme de la route où sont placés les femmes/les hommes en embuscade, au nom de Jésus.

46. Puissance divine, décourage les hommes/les femmes placé(e)s en embuscade pour enlever ma femme/mon mari, au nom de Jésus.

47. Tout ordre donné par mes ancêtres, concernant les mariages dans ma famille, sois effacé par les eaux amères, au nom de Jésus.

48. Mon mariage ne sera pas le chemin du séjour des morts, au nom de Jésus.

49. Tout démon, se servant de moi pour tourmenter mon mari/ma femme, péris par l'épée, au nom de Jésus.

50. Défends, Éternel, la cause de mon mari/ma femme auprès de ma famille, au nom de Jésus.

51. Ma bouche ne livrera pas mon mari/ma femme à ceux qui en veulent à sa vie, au nom de Jésus.

52. Je me sépare des membres de ma famille qui voudraient se servir de moi pour dépouiller mon mari/ma femme, au nom de Jésus.

53. Chasse, Éternel, les princes qui veulent me persuader de leur divulguer le secret de mon mari/ma femme, au nom de Jésus.

54. J'annule les paroles obscures prononcées pendant les cérémonies de mon mariage, au nom de Jésus.

55. Tout conflit, entre mon mari/ma femme et ma famille, reçois une intervention angélique, au nom de Jésus.

56. Le mal conçu contre moi par les membres de ma famille pendant les cérémonies de mon mariage produira le néant, au nom de Jésus.

57. *Pour les hommes :* Fortifie nos mains, Seigneur, afin que ma femme et moi restituions la dote que ses parents ont reçue pour un mariage qu'elle n'a pas consommé, au nom de Jésus.

58. *Pour les femmes :* Fortifie nos mains, Seigneur, afin que mon mari et moi restituions la dote que mes parents ont reçue pour un mariage que je n'ai pas consommé, au nom de Jésus.

59. Affermis nos mains, Seigneur, afin que mon mari ne soit pas considéré comme un voleur par ma famille. Paie ma dote, au nom de Jésus.

60. Esprit de la colère, laisse aller mon mari/ma femme, au nom de Jésus.

61. Mon foyer ne chancellera pas dans les boissons enivrantes, au nom de Jésus.

62. Éternel, délivre mon mari/ma femme des boissons enivrantes, au nom de Jésus.

63. Je ne m'enivrerais pas du vin, je serais rempli du Saint-Esprit, au nom de Jésus.

64. Jusqu'à quand, Éternel, laisseras-tu mon mari/ma femme dans l'ivresse? Fais passer son vin, au nom de Jésus.

65. Mon mari/ma femme, débarrasse-toi des moqueries du vin, du tumulte des boissons fortes, au nom de Jésus.

66. Éternel, protège mon cœur des réjouissances par le vin, au nom de Jésus.

67. *Pour les hommes :* Puissance des boissons fortes ayant absorbé ma femme, vomis-la, au nom de Jésus.

68. *Pour les femmes :* Puissance des boissons fortes ayant absorbé mon mari, vomis-le, au nom de Jésus.

69. Mes pieds ne courront pas après les boissons enivrantes, au nom de Jésus.

70. Je détruis les influences démoniaques de ma belle famille sur mon mari/ma femme, au nom de Jésus.

71. Je disperse aux quatre vents les réunions tenues par ma belle famille pour utiliser mon mari/ma femme contre moi, au nom de Jésus.

72. Toute force, qui m'a fait partir de la maison de mes parents pour le foyer conjugal *(choisir de la liste ci-dessous)*, sois battu par les vents, au nom de Jésus.

   - par enlèvement, par fuite ou en cachette;
   - par une conspiration, un complot ou une contrainte;
   - sans le son des tambourins ou de la harpe;
   - sans les cris de réjouissances et les chants;
   - sans avoir embrassé mes parents.

CHAPITRE XII

LES CHOSES ÉTRANGES

Cette dernière section de ce manuel approfondit le phénomène des choses étranges : le déplacement d'objets, l'ouverture et la fermeture des portes et enfin, le bruit de pas.

12.1. LE DÉPLACEMENT D'OBJETS

Joseph, qui était un homme prospère, prit d'abord la dépouille du Christ après sa mort et l'enveloppa dans un linceul blanc. Ensuite, il le déposa dans un sépulcre taillé dans le roc. Puis, il roula une grande pierre à l'entrée de la tombe et s'en alla (Mathieu 27 :59-60).

Dans Mathieu 28 :1 et 2, il est écrit :

> « Après le sabbat, à l'aube du premier jour de la semaine, Marie de Magdala et l'autre Marie allèrent voir le sépulcre. Et voici, il y eut un grand tremblement de terre; car un ange du Seigneur descendit du ciel, vint rouler la pierre, et s'assit dessus. »

À la fin du sabbat, Marie de Magdala et sa compagne ont été témoins d'un événement qui eut lieu dans la tombe du Seigneur Jésus. Un ange descendu du ciel roula la pierre, qui avait été placée par Joseph à l'entrée du sépulcre.

Les *anges* sont :

> « Les êtres qui servent d'intermédiaires entre Dieu et l'homme. » (Le Petit Larousse Illustré 2012, p. 49)

Analysons les faits de cet événement du monde physique et du monde spirituel :

- MONDE PHYSIQUE : La pierre roulée à l'entrée du sépulcre a été placée par un humain, soit Joseph. Cette pierre était un objet qui existait dans le monde physique.
- MONDE SPIRITUEL : L'ange, qui opérait dans le plan spirituel, vint des cieux sur la terre, pour déplacer la pierre qui se trouvait à l'entrée du sépulcre. Ce geste confirme le contact entre les êtres du monde spirituel et les objets du monde physique.

Voilà de quelle manière la pierre fut roulée, en l'absence d'un être humain, une seconde fois pour libérer l'entrée du sépulcre.

À présent, voici un exemple de choses étranges qu'expérimentent les êtres humains. Des personnes voient dans leurs maisons, ou ailleurs, des outils se déplacer sans une aide physique. Des ustensiles disparaissent et sont retrouvés les jours suivants aux mêmes endroits fouillés précédemment. Dans certains cas, ces instruments défient la loi de la gravité et montent de la terre pour rester suspendus dans les airs sans le concours d'un être humain. Toutes ces activités paraissent étranges aux yeux de ceux qui méconnaissent les Saintes Écritures. La main de Satan est celle qui réalise ces œuvres, par l'intermédiaire de ses démons. Chaque fois que de tels spectacles se manifestent devant vous, confrontez l'esprit dans le monde spirituel qui produit ces phénomènes avec la parole et délivrez ces objets des mains de l'ennemi.

12.2. L'OUVERTURE ET LA FERMETURE DE PORTES

Dans cette section, le phénomène étrange à l'étude est l'ouverture des portes suivie de la fermeture de celles-ci.

12.2.1. L'ouverture des portes

> « Et l'ange lui dit : Mets ta ceinture et tes sandales. Et il fit ainsi. L'ange lui dit encore : Enveloppe-toi de ton manteau, et suis-moi. Pierre sortit, et le suivit, ne sachant pas que ce qui se faisait par l'ange fut réel, et s'imaginant avoir une vision. Lorsqu'ils eurent passé la première garde, puis la seconde, ils arrivèrent à la porte de fer qui mène à la ville, et qui s'ouvrit d'elle-même devant eux ; ils sortirent, et s'avancèrent dans une rue. Aussitôt l'ange quitta Pierre. » (Actes 12 :8-10)

L'histoire commença avec l'emprisonnement de Pierre par le roi Hérode. À cette époque, ce roi maltraitait l'Église dans le but de plaire aux Juifs. Durant cette même période, la puissance de Dieu se manifestait à travers les apôtres. Prêtons attention aux versets huit à dix dans le livre des Actes 12 mentionnés précédemment :

- Au verset huit, l'ange demande à Pierre de l'accompagner.
- Au verset neuf, Pierre sort de la cellule et emboîte le pas derrière l'ange. Pierre et l'ange étaient dans les compartiments de la prison. L'ange marchait devant Pierre, qui le suivait. L'ange était dans le plan spirituel, alors que Pierre se trouvait dans le monde physique. Il se pourrait que l'ange soit apparu physiquement à Pierre. Dans ce cas, nous devons démontrer pourquoi la présence de l'ange échappa aux gardes. (Ce sujet sera abordé dans un prochain livre sur le thème de l'aveuglement.)
- Au verset dix, nous apprenons que la porte de fer se déverrouilla d'elle-même, personne n'exerça sur elle un effort physique.

Vraisemblablement, Pierre fut témoin de l'ouverture, occasionnée par la puissance de l'ange, de la porte de la prison. Il ne fut pas effrayé. Sans aucun doute, Pierre ne possédait aucune force en lui pour déployer cette porte. Il était conscient que l'ange envoyé par Dieu pour le délivrer marchait devant lui et que cette porte ne s'ouvrait que par la puissance. Parallèlement, certains voient les portes de leur maison s'ouvrir soudainement sans aucune présence humaine, bien qu'ils habitent seuls. D'autres constateront que le réfrigérateur, le battant de la cuisinière et le robinet sont ouverts.

Bien-aimés, pour quelle raison Dieu ouvrirait-il les placards ou les tiroirs de votre chambre pendant votre absence? Dans le cas où vous vivez des occurrences semblables, restez ferme. Souvenez-vous que Pierre resta debout devant cette porte lorsqu'elle se débloqua. Avait-il fui ou paniqué? Toutes ses manifestations indiquent l'action d'esprits impurs qui se trouvent dans un lieu pour accomplir ce genre d'activités.

Quand vous expérimentez de tels dérangements, consultez les Écritures qui exposent cette entreprise. Par la suite, confrontez dans la prière les esprits responsables. L'Esprit du Seigneur les mettra en fuite.

Il existe aussi des gens qui possèdent des puissances qui leur permettent d'ouvrir des portes sans les toucher. Il suffit qu'ils soient placés en face de cette entrée et le tour est joué. La puissance du monde spirituel qui les précède ouvrira cette porte. Mettez votre confiance en Dieu et vous verrez vos portes protégées de ces activités étranges.

12.2.2. La fermeture des portes

> « Il en entra, mâle et femelle, de toute chair, comme Dieu l'avait ordonné à Noé. Puis l'Éternel ferma la porte sur lui. » (Genèse 7 :16)

Après que Noé eu fini de construire l'arche selon les recommandations de Dieu, sa famille et les animaux montèrent à bord pour échapper au déluge. L'Éternel avait prévu exterminer l'homme de la surface de la terre qu'il avait créé en l'inondant de pluie pendant quarante jours et quarante nuits. Une fois à l'intérieur de l'arche, le patriarche laissa sa porte ouverte. C'est l'Éternel qui s'en occupa à sa place. Tous ceux qui étaient avec Noé virent les portes se verrouiller sans la force corporelle d'un humain. Nul ne s'affola, car ils savaient que c'était le geste de Dieu.

Dès lors, le phénomène des fermetures de portes par les êtres spirituels débuta. Depuis, Satan et ses démons utilisent cette tactique pour nuire à la vie des humains. Des maisons ont été abandonnées par leurs occupants suite à ce type d'événement.

Des gens peuvent entendre les portes de chambres, de placards ou de douches se refermer d'elles-mêmes. Une fois fermées, certaines de ces portes ne s'ouvrent pas, malgré les efforts déployés.

D'ailleurs, Noé ne put ouvrir la porte de l'arche que l'Éternel avait fermée. Quand il a voulu sortir, il en ôta la toiture. Bien-aimés, êtes-vous embarrassés par de tels phénomènes dans votre maison au point où vous ne savez pas quoi faire? La droite de l'Éternel vous libérera de cette œuvre obscure. Les démons ont la capacité de fermer une porte, une fenêtre, un robinet d'eau, etc. Ces esprits malins ont le pouvoir de les maintenir bloqués sans qu'il soit possible de les rouvrir, sauf par la prière. Ces choses étranges ne devraient en aucun cas créer la panique chez ceux qui les vivent, puisqu'elles ne sont qu'une copie de ce que fit l'Éternel. Les personnes attaquées de cette façon par Satan devraient se lever dans la prière agressive et confronter les envahisseurs de leurs maisons. Ces mauvais occupants seront obligés d'obéir aux ordres que vous leur donnerez, comme l'indique le Psaume 18 :45 et 46 :

> « Ils m'obéissent au premier ordre, les fils de l'étranger me flattent; Les fils de l'étranger sont en défaillance, ils tremblent hors de leurs forteresses. »

12.3. LE BRUIT DES PAS

Quand les Philistins apprirent que David avait été oint pour roi sur Israël, ils allèrent à sa recherche. L'Éternel les livra entre les mains de David, qui les battit rudement; dos et ventre. Les Philistins s'élevèrent à nouveau contre les enfants d'Israël. David consulta l'Éternel qui lui fit connaître ses plans divins contre ses ennemis. Lisons ce qu'énonce la Bible :

« Quand tu entendras un bruit de pas dans les cimes des mûriers, alors hâte-toi, car c'est l'Éternel qui marche devant toi pour battre l'armée des Philistins. » (2 Samuel 5 :24)

L'Éternel informa le roi d'attaquer les Philistins, au moment où il entendrait les bruits des pas de Dieu. Le roi et ses troupes campèrent en attendant le signal. David était le seul au combat, qui avait l'habilité d'entendre le bruit des pas de l'Éternel. Dans Exode 33, l'Éternel parle à Moïse :

« […] car l'homme ne peut me voir et vivre. » (Exode 33 :20b)

Ces paroles nous font comprendre que l'Éternel devait apparaître dans les cimes des mûriers avec un corps spirituel et non un corps physique. À l'aide du corps spirituel, Dieu avancerait devant l'armée d'Israël durant toute la bataille. Le contact des pieds de l'Éternel avec le champ de bataille produirait des bruits en se déplaçant. Il en est de même des pieds des esprits impurs dans les maisons.

Certains entendent dans leur demeure ou aux alentours les bruits des pas des esprits impurs. Troublés de ces manifestations, ils ne sauraient quelles approches prendre contre ce type de problème et choisissent plutôt de déménager. Néanmoins, après un certain temps, les mêmes bruits se font entendre dans leur nouveau domicile. Des fois, tous les membres d'une même famille discernent les bruits de pas dans la maison. D'autres fois, il n'y a qu'un seul membre de la famille qui les entend, tandis que les autres ne les perçoivent pas.

Ceci me rappelle l'histoire d'une sœur, en 2005. Dans le passé, cette dame et moi avions eu une grande discussion sur la religion chrétienne. Ses idées étaient hostiles envers la doctrine du combat spirituel. Quelque temps plus tard, elle m'appela et m'expliqua comment elle avait été confrontée à des bruits de pas qui se faisaient entendre dans la nouvelle maison qu'elle et son mari venaient d'acheter. À cette époque, parce que je ne savais que faire, je l'ai amené chez mon pasteur. Il alla prier dans son domicile avec de fortes prières de délivrance et les bruits de pas cessèrent. La dame s'engagea alors dans le combat spirituel et devint membre du corps de Christ.

Pour revenir à notre enseignement, ces puissances déambulent dans les maisons et même sur les lits de leurs victimes. Les gens attaqués par ces forces sentiront des pieds qui marchent à la surface de leur lit sans les voir à l'œil nu. Bien-aimés, lorsque des situations pareilles se révèlent dans un endroit, elles prouvent que les démons occupent déjà ce territoire. Ces êtres spirituels doivent être chassés de la manière que fit le Seigneur Jésus dans le temple (Jean 2 :14-16).

Dans le second livre des Rois, nous lisons :

> « [...] Le bruit des pas de son maître ne se fait-il pas entendre derrière lui? » (2 Rois 6 :32)

Le roi d'Israël envoya un coursier pour assassiner le prophète Élisée. Il suivit le coursier afin de s'assurer que le prophète serait bien exécuté. Mais, l'Éternel informa le prophète avant l'arrivée de son bourreau. En chemin, l'Éternel Dieu ouvrit les oreilles de ce prophète pour l'amener à entendre les bruits de pas du roi qui se hâtait derrière son serviteur. Avant l'arrivée de ses meurtriers, Élisée prit des mesures pour éviter l'assassinat prévu contre sa vie.

Deux activités du royaume des ténèbres sont exprimées dans ce texte. Premièrement, Satan peut informer ses serviteurs de l'arrivée d'un visiteur en faisant percevoir les bruits de pas dans les oreilles de cette personne. Deuxièmement, Satan peut attaquer une personne en lui faisant entendre les bruits de pas derrière les siens quand elle marche ou se trouve debout. Certains distinguent les bruits de pas comme si les gens marchaient derrière eux. Ces bruits viennent du monde spirituel et signifient que des démons les poursuivent.

Bien-aimés, l'adage dit que quiconque se sert de l'épée périra par l'épée. Ce dicton signifie ceci : celui qui se comporte avec violence sera victime de la violence. Le diable a lancé contre vous ses traits enflammés. À présent, il est temps de les lui retourner. Les prières qui vous sont présentées à la fin de ce chapitre vous aideront à dominer ces choses anormales qui s'exhibent autour de vous.

12.4. SECTION DE PRIÈRES

1. J'extermine les choses étranges qui se manifestent dans ma vie, dans ma famille et dans ma maison, au nom de Jésus.
2. Je frustre la peur que j'aie des choses étranges, au nom de Jésus.
3. Mes yeux ne verront pas les choses étranges, au nom de Jésus.
4. Je condamne les choses étranges qui se manifestent dans cet environnement, au nom de Jésus.
5. Éternel, fais tomber des pierres sur les anges maléfiques qui ont quitté le ciel pour déplacer les objets dans cette maison, au nom de Jésus.
6. Éternel, fais tomber la grêle sur l'esprit malin qui a quitté les eaux ou les montagnes pour léviter les objets dans cette maison, au nom de Jésus.

7. Je fais descendre dans le séjour des morts les esprits qui font rouler les objets dans cette maison, au nom de Jésus.

8. Esprit malin, assis sur un objet de cette maison, descends et assieds-toi par terre, au nom de Jésus.

9. Mains des puissances du monde spirituel posées sur les ustensiles dans cette maison, séchez-vous, au nom de Jésus.

10. Les ustensiles de cette maison seront du charbon ardent entre les mains des esprits impurs, au nom de Jésus.

11. Par le sang de Jésus, j'abolis le contact entre les objets dans cette maison et les puissances occultes, au nom de Jésus.

12. Ange de Satan, placé devant la porte de cette maison, sois dévoré par la famine, au nom de Jésus.

13. Les portes de cette maison ne s'ouvriront pas en présence des esprits impurs, au nom de Jésus.

14. J'extermine les puissances qui donnent aux hommes la capacité d'ouvrir des portes sans les toucher, au nom de Jésus.

15. Seigneur, anéantis les tremblements et les bruits que produit l'arrivée des esprits qui viennent rouler les objets dans cette maison, au nom de Jésus.

16. Vent maléfique soufflé par les esprits malins dans le but d'ouvrir les portes de cette maison, retourne dans leur bouche, au nom de Jésus.

17. Puissant de Jacob, ouvre les portes de fer placées devant ma destinée, devant ma carrière et celles situées à l'entrée de ma terre promise et de mes bénédictions, au nom de Jésus.

18. Dieu trois fois saint, mets en fuite les esprits qui marchent devant moi et les puissances qui marchent devant mes ennemis, au nom de Jésus.

19. Esprit de Dieu, mets en fuite les forces qui viennent ouvrir les fenêtres, les robinets, les placards, les cuisinières, les rideaux, les marmites, les réfrigérateurs et les congélateurs de cette maison, au nom de Jésus.

20. Tout démon, qui ferme les portes de cette maison, sois précipité dans le feu éternel, au nom de Jésus.

21. Éternel, fais violence à la main des anges maléfiques tendue pour fermer les portes de cette maison, au nom de Jésus.

22. Toutes portes dans cette maison et dans ma vie qui sont fermées par les esprits malins, soyez libérées de leur emprise, au nom de Jésus.

23. J'enfonce comme un clou dans la terre les pieds des forces qui marchent dans ce lieu, au nom de Jésus.

24. J'ordonne aux pieds des forces qui marchent dans ce lieu, d'aller séjourner au loin, au nom de Jésus.

25. Tout démon, qui fait entendre les bruits de ses pas dans ce lieu, tombe en défaillance, au nom de Jésus.

26. Mes oreilles, rejetez les bruits des pas des esprits malins, au nom de Jésus.

27. Tout démon ouvrant mes oreilles pour entendre les bruits de pas du monde spirituel, je jette des excréments sur ton visage, au nom de Jésus.

28. Par le sang de Jésus, je trace une limite aux pas des esprits dans le monde spirituel, au nom de Jésus.

29. Ange de l'Éternel, trouble les bruits des pas des esprits qui se font entendre derrière moi, au nom de Jésus.

30. Ange de l'Éternel, trouble les bruits des pas des puissances qui se font entendre devant moi, au nom de Jésus.

31. Que le bruit des pas des esprits qui franchiront les portes de ma maison, les renverse, au nom de Jésus.

32. Que le bruit des pas des forces spirituelles chancelle, au nom de Jésus.

33. Ô terre écoute les paroles de ma bouche. Combats les forces qui font entendre les bruits de leurs pas derrière moi, au nom de Jésus.

34. Par la puissance dans le sang de Jésus, j'efface les empreintes de mes pas sur la terre, au nom de Jésus.

35. Éternel, mets du feu sur les pas qui se font entendre derrière moi, au nom de Jésus.

36. Toute force de la nuit marchant à petits pas dans cette maison et faisant résonner :

    - les boucles de ses pieds;
    - la verge de sa main.

    Sois couverte par les eaux de la mer Rouge, au nom de Jésus.

GLOSSAIRE

Adultère: « Violation du droit de fidélité entre époux. » (Le Petit Larousse illustré 2012, p. 19)

Ange : « Être qui sert d'intermédiaire entre Dieu et l'homme. »(Le Petit Larousse Illustré 2012, p. 49)

Attraction : « Force en vertu de laquelle un corps est attiré par un autre. » (Le Petit Larousse Illustré 2012, p. 82)

Chair : « Tissus musculaire et conjonctif du corps humain et animal couvert par la peau. » (Le Petit Larousse illustré 2012, p. 190)

Chef coutumier : « Chef désigné selon la coutume et veillant à ce que celle-ci soit respectée et appliquée, dans une société que régit le système de la chefferie. » (Le Petit Larousse illustré 2012, p. 282)

Colère : « Un état affectif violent et passager résultant d'un sentiment d'avoir été agressé ou offensé. » (Le Petit Larousse illustré 2012, p. 232)

Délivrance : « Action de délivrer; libération. Fait de débarrasser d'une contrainte, d'une gêne. » (Le Petit Larousse illustré 2012, p. 320)

Démon : « Ange déchu qui habite l'enfer et incite l'homme à faire le mal. » (Le Petit Larousse illustré 2012, p. 323)

Dieux étrangers: « Fait référence à de faux dieux. Chose à laquelle on voue une sorte de culte; idole. » (The Prophet's Dictionary, The ultimate guide to supernatural wisdom, p. 543)

Divinité : « Être divin; déité; dieu. » (Le Petit Larousse illustré 2012, p. 352)

Éclat : « Le fait de briller; l'intensité d'une lumière et la qualité de ce qui s'impose à l'admiration. » (Le Petit Larousse Illustré 2012, p. 370)

Enlever : « Porter vers le haut; soulever. » (Le Petit Larousse illustré 2012, p. 401)

Faux prophètes : « Selon la Bible, les faux prophètes sont des personnes inspirées par les dieux étrangers. » (The Prophet's Dictionary, The ultimate guide to supernatural wisdom, p. 207)

Flairer : « 1. Humer l'odeur de quelque chose; percevoir, découvrir par l'odeur; 2. Discerner, deviner par intuition. » (Le Petit Larousse illustré 2012, p. 461)

Holocauste : « Ce terme s'emploie pour désigner un sacrifice où la victime animale est intégralement brûlée sur l'autel, sans que rien, sauf la peau ne revienne au prêtre. » (Dictionnaire pour une lecture facile de la Bible, p. 161)

Lever : « Diriger vers le haut, mouvoir de bas en haut [...] » (Le Petit Larousse illustré 2012, p. 621)

Manteau : « Vêtement à manches longues, boutonné par devant, que l'on porte sur les autres vêtements pour se protéger du froid. » (Le Petit Larousse illustré 2012, p. 655)

Nez : « Première partie des voies respiratoires et siège de l'odorat. » (Le Petit Larousse illustré 2012, p. 732)

Nitrate : « Sel de l'acide nitrique. » (Le Petit Larousse illustré 2012, p. 734)

Nitre : « Salpêtre. » (Le Petit Larousse illustré 2012, p. 734)

Odorat : « Sens permettant la perception des odeurs, dont les récepteurs sont localisés dans les fosses nasales [...] » (Le Petit Larousse illustré 2012, p. 749)

Offrande : « Don fait à une divinité ou déposé dans un temple, avec une intention religieuse. » (Le Petit Larousse illustré 2012, p. 750)

Presser : « Comprimer de manière à extraire un liquide. » (Le Petit Larousse illustré 2012, p. 876)

Pression : « Action de presser ou de pousser avec effort. » (Le Petit Larousse illustré 2012, p. 876)

Prophète : « Dans la Bible, homme qui, inspiré par Dieu, parle en son nom pour faire connaître son message. » (Le Petit Larousse illustré 2012, p. 885)

Prostituée : « Une personne qui se livre à la prostitution; un acte par lequel une personne consent à des rapports sexuels contre de l'argent. » (Le Petit Larousse Illustré 2012, pp. 886-887)

Rêve : « Production psychique survenant pendant le sommeil et pouvant être partiellement mémorisée. » (Le Petit Larousse illustré 2012, p. 954)

Tabernacle : « C'est le nom donné à la tente que les Hébreux, au cours de leur pérégrination au désert, montaient dans leur campement et qui leur servait de sanctuaire. Les Tables de la Loi et les objets sacrés y étaient déposés. » (Dictionnaire pour une lecture facile de la Bible, p. 279)

Théraphim : « A) Images. Dieu de la famille employé pour garder et guider la maison ainsi que les affaires familiales. B) Habituellement, une statue ou une figurine. Juges 17 :5 et 18 :4, 17-18; Osée 3 :4 » (Price, 2006, p. 555).

Sacrifice : « Offrande à une divinité et, en particulier, immolation de victimes. » (Le Petit Larousse illustré 2012, p. 794)

Salpêtre : « Efflorescence du nitrate de potassium, fréquente sur les murs humides et utilisée pour fabriquer de la poudre. » (Le Petit Larousse illustré 2012, p. 978)

Soulever : « Lever à une faible hauteur. » (Le Petit Larousse illustré 2012, p. 1026)

Voler : « Se déplacer, se maintenir dans l'air ou dans l'espace. » (Le Petit Larousse illustré 2012, p. 1152)

RÉFÉRENCES

Holy Bible. King James Version.

La Bible. Version Louis Segond.

Lagranges, Bruno (2002). *Dictionnaire pour une lecture facile de la Bible*. Paris. Éditions de Lodi. 310 pages

Larousse (2011). *Le Petit Larousse illustré 2012*. Paris. Cedex, 1972 pages.

Price Ph.D., Paula (2006). *The Prophet's Dictionary, The ultimate guide to supernatural wisdom*. Whitaker House. New Kensington, PA. 602 pages.